ACCESO GRATIS ***a la Lectura en la Nube***

Para visualizar el libro electrónico en la nube de lectura envíe junto a su nombre y apellidos una fotografía del código de barras situado en la contraportada del libro y otra del ticket de compra a la dirección:

ebooktirant@tirant.com

En un máximo de 72 horas laborales le enviaremos el código de acceso con sus instrucciones.

GUÍA DE IDENTIFICACIÓN DE FALSIFICACIONES Y ALTERACIONES EN DOCUMENTOS CUESTIONADOS

Procedimiento de selección de originales, ver página web:
www.tirant.net/index.php/editorial/procedimiento-de-seleccion-de-originales

GUÍA DE IDENTIFICACIÓN DE FALSIFICACIONES Y ALTERACIONES EN DOCUMENTOS CUESTIONADOS

José Serrano Lara
Perito judicial calígrafo
Delegación ANPEC Andalucía Ceuta y Melilla

tirant lo blanch
Valencia, 2024

En caso de erratas y actualizaciones, la Editorial Tirant lo Blanch publicará la pertinente corrección en la página web www.tirant.com.

Director de colección: Francisco de Anton y Barbera

EDITA: TIRANT LO BLANCH
C/ Artes Gráficas, 14 - 46010 - Valencia
TELFS.: 96/361 00 48 - 50
FAX: 96/369 41 51
Email: tlb@tirant.com
www.tirant.com
Librería virtual: www.tirant.es
DEPÓSITO LEGAL: V-1333-2024
ISBN: 978-84-1056-466-4

Si tiene alguna queja o sugerencia, envíenos un mail a: *atencioncliente@tirant.com*. En caso de no ser atendida su sugerencia, por favor, lea en *www.tirant.net/index.php/empresa/politicas-de-empresa* nuestro procedimiento de quejas.

Responsabilidad Social Corporativa: http://www.tirant.net/Docs/RSCTirant.pdf

DIRIGIDA A:
OPERADORES JURÍDICOS
FUERZAS Y CUERPOS DE SEGURIDAD
ESTUDIANTES DE DERECHO Y CRIMINOLOGÍA

Índice

José Ramón Cantalejo Testa.

Presentación:

Guía de identificación de falsificaciones y alteraciones en documentos cuestionados

JOSÉ RAMÓN CANTALEJO TESTA.

Abogado. Director de la revista ***"Sala de Togas"*** *https//sdt.icaalmeria.es*

Es para mí gratificante atender la petición para presentar el presente trabajo divulgativo formulada, muy amablemente, por el perito judicial calígrafo José Serrano Lara, Delegado para Andalucía, Ceuta y Melilla de la Asociación Nacional de Expertos en Grafística y Documentoscopia, quien figura como habitual colaborador de la veterana revista informativa del Colegio de la Abogacía Almeriense *"Sala de Togas"*, que me honro dirigir y que, en este año de 2023, ha cumplido 35 años de presencia en las estanterías de los operadores jurídicos en Almería con vocación de ejercer como vehículo para el intercambio de información entre colegiados, entre estos y el Colegio y nuestra profesión con la sociedad, por lo que es y seguirá siendo una publicación abierta a la colaboración científica de calidad de cuantos llamen a sus puertas.

Aunque existen algunos precedentes, hacia 1830 el francés Jean-Hippolyte Michon se interesó por el análisis de la escritura y publicó sus hallazgos poco después de fundar *Société Graphologique* en 1871. El más destacado de sus discípulos fue Jules Crépieux-Jamin quien, a partir de un enfoque integrador, publicó una serie de libros que pronto se tradujeron en otros idiomas, iniciándose el estudio de estos temas desde un punto científico que integra distintas disciplinas.

El autor del presente trabajo, José Serrano Lara, titular del Gabinete de criminalística documental "*Refrendo*", con sede en Almería, nos ha venido ilustrando con variados trabajos publicados a lo largo de 8 años, entre 2012 y 2020 (Números 67 al 81-82. Disponibles en *www. https://sdt.icaalmeria.es/*) que, con gran mérito, de forma práctica y asequible, nos han acercado a este desconocido campo auxiliar de los Tribunales, profundizando en los variados aspectos que esta ciencia ofrece como medio de prueba en el ámbito judicial entre los que destacan y han sido tratados aspectos como; la identificación de escritos, firmas, archivos pdf y anónimos realizados por cualquier sistema de impresión, las alteraciones documentales, superposición de trazos, estudio de sellos y tampones, discriminación de tintas, etc.

He tenido ocasión de trabajar con José Serrano en estrados, debiendo dejar constancia aquí del interés de los argumentos científicos y de la doctrina pericial ofrecidos a los Tribunales y he apreciado la ratificación en Sala de sus informes periciales que han coadyuvado en el resultado de numerosas causas en las que de una u otra forma existían dudas sobre la autenticidad de documentos, su data, autoría o sistema de producción.

José Serrano, de trato fácil y amable, es un estudioso amante de su ciencia que incluye la grafología, entendida como el análisis de la escritura manuscrita de un individuo, con la intención de determinar rasgos de personalidad que, aun sin evidencia científica que respalde su efectividad y *pro amore,* ejercita con interesantes aportaciones analizando manuscritos de personajes ilustres, como es el caso de la rodalquileña Carmen de Burgos, publicada en la revista *"Colombine"*, editada por la Agrupación Carmen de Burgos que reúne en el Ateneo de Madrid a los estudiosos de la escritora, dirigida por el ilustre *colombilófico* Roberto Cermeño.

No podemos terminar sin agradecer la confianza depositada en mí por el autor, con el que deseamos seguir colaborando profesionalmente y con sus aportaciones científicas en la revista de Colegio de la Abogacía de Almería.

(septiembre de 2023)

1. Prólogo:

D. FERNANDO F. RUIZ ÁLVAREZ

Presidente de La Asociación Nacional de Expertos en Grafística y Documentoscopia (https//anpec.es)

El día en que mi entrañable colega y amigo José Serrano me presentó el borrador de esta obra para que le diera mi humilde opinión, reconozco que me sorprendí gratamente al introducirme en ella y comprobar su carácter tan didáctico y explicativo.

El principal objetivo de crear esta guía no es otro que el de poner en manos de todos los profesionales, que de un modo u otro participan en el entramado judicial, de una herramienta práctica de conocimiento y acercamiento claro a la Pericia Caligráfica, con el fin de que puedan hacerse una idea global, pero también de detalle, de todo lo que significa esta prueba pericial tan importante.

Conviene recordar que la pericial caligráfica (o "cotejo de letras", tal y como la denomina nuestra Ley de Enjuiciamiento Civil) es sin duda, la prueba más antigua que se utiliza a nivel pericial, ya que el reconocimiento de firmas y documentos siempre ha estado y sigue estando presente en nuestras vidas, desde el momento en que existe un documento que implica jurídica y administrativamente a una o varias personas.

A lo largo del tiempo, han existido incluso profesionales habilitados expresamente para este cometido, como ocurrió en el siglo XVIII con el "Cuerpo de Revisores de Firmas y Letras Antiguas", o en el XIX con el "Cuerpo de Revisores de Firmas y Papeles Sospechosos". Sin embargo, en la España actual, existe una clara laguna de regulación de esta profesión fundamental para dirimir la autenticidad o falsedad de los documentos. Realmente, no solo es que no exista ningún requerimiento o acceso oficial para ejercerla, sino que tampoco existe una formación reglada que asegure el ejercicio profesional de un modo riguroso y serio. Siendo así, cualquier profesional del Derecho se puede encontrar, cuando recurra a un experto de este tipo, con personas que llevan ejerciendo más de treinta años, que se siguen formando y actualizando, que tienen un laboratorio de criminalística documental que les permite poder realizar análisis sobre el papel y las tintas, que pertenecen a asociaciones profesionales de reconocido prestigio, o con personas que se han puesto a ejercer como peritos calígrafos tras haber hecho un curso o cursillo de algunas semanas o de pocos meses, que puede que sea su primer caso sin haber realizado prácticas antes con ningún otro profesional o incluso en el centro donde se formó, que solo cuenten para su labor analítica con un par de lupas y que pertenezca a una asociación donde no existe criterio profesional alguno de entrada, salvo el pago de una importante cantidad inicial.

Este es el panorama que se pueden encontrar: dos mundos absolutamente contrarios, donde unos ejercen con total garantía y seguridad y otros que, en cambio, prueban suerte cuando les toca una pericial de oficio.

Claro está que cuando un abogado requiere una pericial caligráfica, la mayoría de las veces desconoce esto que acabamos de exponer. Piensa que todos los expertos en esta materia lo son realmente y que no hay diferencia alguna por entender que existe incluso una colegiación como ocurre en su caso, no siendo la primera vez que se nos solicita que les digamos nuestro número de colegiado.

El manual que ahora nos presenta José Serrano tiene entre uno de sus principales objetivos, el de mostrar a todos los operadores jurídicos, como el bien define, la realidad de esta profesión, para que cuando tengan en sus manos la posibilidad de encargar una pericial caligráfica o documentoscópica, sepan a quién tienen que recurrir y sepan también lo que tienen que solicitar debidamente al experto con el que contacten, evitando así caer en manos de profesionales que le pueden hacer perder un caso por su falta de rigor y experiencia. Por supuesto, los propios jueces y fiscales deben ser también parte interesada en la futura lectura de este manual, dado que les va a abrir grandemente sus ojos para entender de un modo más claro cómo se crea esta prueba y lo que es imprescindible para que esté bien fundamentada.

Por supuesto, además, la primera labor de un perito calígrafo debe ser la de asesorar y orientar a los profesionales del Derecho en sus funciones, para que ante algo que, lógicamente son legos, sepan en todo momento lo que se puede y no se puede lograr. Esta técnica científica sigue teniendo, a día de hoy, limitaciones, al igual que ocurre con todas las demás pruebas periciales, pero dentro de este abanico limitante, su potencial es enorme, muchas veces desconocido tanto por los jueces como por los abogados. Es claro que también el propio experto tiene que estar formado al mismo nivel y contar del mismo modo con un laboratorio de análisis documental que le permita llegar más allá de la simple observancia y análisis de las letras. Una falsificación no tiene por qué estar solo en una firma, sino también en el propio texto que lo acompaña, donde es más que posible que se haya alterado al añadirse o cambiarse letras, cifras y hasta comas y puntos con el fin de modificar su sentido primigenio auténtico.

Somos conscientes que disponer de un aparataje científico que permita esto no está al alcance de cualquier profesional, pero al igual que existen clínicas que han invertido en instrumentos de última generación para sus diagnósticos y análisis, con los que logran resultados que otros sin ellos no pueden, en nuestro caso ocurre exactamente igual. Hoy día, el Perito Calígrafo, o más exactamente, el experto en Grafística y Documentoscopia, debe estar formado no solo extensamente en estas dos materias, sino que también debe saber manejar programas informáticos de autoedición y procesadores de textos, debe conocer cómo tratar imágenes para su inserción en los informes, debe tener conocimientos amplios de fotografía, así como conocimientos procesales mínimos y tener muy claros sus derechos y obligaciones como perito judicial, ya que al formar parte de todo el entramado jurídico, su papel lo tiene que desempeñar con alta eficiencia y dignidad, no olvidando nunca que su principal labor es la de asesorar al juez con sus conocimientos técnicos.

El presente manual hace un repaso exhaustivo y actual sobre todo lo relacionado con la prueba pericial caligráfica y/o documentoscópica, no solo de interés para jueces, fiscales y abogados, sino igualmente para todos los profesionales que, de un modo u otro, tienen relación con el mundo de los documentos y las ciencias forenses. Incluso, dado su carácter pedagógico como dijimos al principio, es un manual que no deben dejar de leer todos los estudiantes de estas materias y los Peritos Calígrafos que actualmente ejercen la profesión, porque aporta mucha claridad en un campo donde coexisten profesionales, como ya hemos indicado, de multitud de procedencias y desde luego con mejor o peor formación y desempeño.

Desde aquí le doy mi personal enhorabuena a José Serrano, y expresamente también la de la Asociación que tengo el honor de presidir y de la que él forma parte importante, por haber emprendido este arduo trabajo que era tan necesario y que puede resultar fundamental en nuestra profesión, para su mayor reconocimiento a nivel social y jurídico y para su mejor desempeño a todos los niveles por parte de quiénes la ejercemos.

2. *Agradecimientos*

Al Ilustre Colegio Provincial de la Abogacía de Almería por la confianza que han depositado en este modesto perito, ofreciéndome la oportunidad de colaborar de forma desinteresada en la publicación de artículos de interés para los colegiados, relacionados con la pericia caligráfica y la criminalística documental, en la revista del Colegio "Sala de Togas" y brindarme la oportunidad de ofrecer la Charla Coloquio "Peritaje judicial sobre documentos y escritos cuestionados".

A los asiduos lectores de los artículos que, debido al interés mostrado, han servido de incentivo para que ampliase el estudio y la investigación, con el fin de que esta guía saliera adelante.

Me siento muy honrado y a la vez profundamente agradecido, al director de la revista D. José Ramón Cantalejo Testa, ilustre letrado, experto penalista de larga trayectoria. Incansable estudioso, investigador, bibliófilo, articulista, experto coleccionista de temas almerienses y meritorio miembro del Instituto de Estudios Almerienses.

Quiero subrayar la excepcionalidad de la revista "Sala de Togas", que sin ninguna duda es un referente nacional entre las revistas de colegios de abogados, por la diversidad de colaboradores y la calidad de contenidos interesantes que ofrece, con especial mención al suplemento "Cuadernos Literarios" dirigido por Dña. Mª Carmen López Saracho. A su vez la revista colabora de forma muy positiva para que Almería se conozca más y mejor en España.

A los ilustres compañeros de la Asociación Nacional de Expertos en Grafística y Documentoscopia, (www.anpec.es), con presencia en toda España. Son ejemplo a seguir de profesionalidad, generosidad, entrega y compañerismo. De forma muy especial a nuestro infatigable impulsor, veterano Secretario y merecido Presidente D. Fernando F. Ruiz, sin duda el "alma mater" de la Asociación. Perito Judicial Calígrafo, Experto en Grafística y Documentoscopia, Grafólogo Forense, Grafo-terapeuta, Detective Privado, nuestro destacado profesor y director del Instituto Grafológico Forense, (www.psicograf.com). El Instituto que preside y dirige, entre otras destacadas actividades, lleva más de veinte años formando a profesionales del análisis de la escritura como peritos calígrafos, grafólogos, grafo-terapeutas, etc., que desempeñan sus funciones en España y fuera de nuestras fronteras.

3. Introducción

La idea de confeccionar este manual ha sido, por un lado, la de reunir en una sola publicación, una serie de conocimientos, experiencias y protocolos de utilidad práctica, de cómo proceder, a quien recurrir, con documentos originales, supuestamente originales, copias y/o escritos, archivos pdf, firmados o no, de los que hay motivos para dudar de su autenticidad. Piensen en los que a diario envían o reciben mediante LEXNET, otras plataformas o correos electrónicos.

Hasta ahora, no había publicaciones que ilustraran a los profanos en estas materias con el fin de divulgar a estudiantes de derecho y materias afines, jueces, fiscales, abogados, procuradores, graduados sociales, resto de operadores jurídicos y por supuesto personas relacionadas con el mundo de la asesoría empresarial.

Se ha llevado a cabo un estudio de la doctrina pericial y de actualización de los artículos publicados, en la revista *"Sala de Togas"* del Ilustre Colegio Provincial de la Abogacía de Almería desde el nº67 al nº 81-82 y hacerlos más asequibles a los profanos en estas materias. Las revistas se pueden consultar en la web: *www.icaalmeria.es*

Por otro lado, se ha intentado explicar paso a paso, si es conveniente o no, según el caso, la viabilidad de realizar una prueba pericial caligráfica y cómo proceder.

Diversos letrados y operadores jurídicos consultados consideraron que, un manual de éstas características podría ser de gran utilidad, por el desconocimiento generalizado en estos temas, que lamentablemente lo corroboran multitud de sentencias judiciales.

Personas físicas, empresas, instituciones y operadores jurídicos cuando sospechan de la autenticidad de fotocopias, documentos supuestamente originales, escaneados, escritos, firmas, etc., echan en falta los conocimientos de profesionales que les orienten en la forma correcta de proceder en su caso.

Para conseguir estos objetivos el manual se ha estructurado en diversos apartados, consciente de las prioridades en el uso del tiempo de los profesionales del derecho, se ha tenido presente que el lenguaje sea apropiado y los contenidos amenos y didácticos. Si estos objetivos se logran, se habrán cumplido las metas que se pretendían.

Nos encontramos en un contexto con gran diversidad de litigios, de todo tipo y estos a su vez cada día más complejos. En este espacio nos vemos obligados a manejar multitud de documentos, siendo por lo general, simples fotocopias o copias escaneadas, la mayoría de las que circulan, incluso por LEXNET son monocromas, lo que dificulta aún más su identificación.

3.1. PREGUNTAS FRECUENTES:

- ¿Sabemos distinguir si es original o copia?
- ¿Acaso tenemos la certeza de que es fiel reproducción de un documento original?
- ¿Las firmas que contiene, a veces en color, son auténticas o falsas?
- La firma que contiene de mi cliente no coincide con la de su DNI, ¿Será válida?
- Mi cliente me indica que la firma es suya, pero el texto manuscrito no es suyo.
- ¿Las firmas que contiene se ejecutaron antes o después de completar la redacción del documento?
- ¿Podemos saber si algunos documentos, generalmente archivos pdf, que recibimos mediante LEXNET son reproducciones de originales auténticos o pueden ser fruto de una "composición" con partes de otros documentos?
- ¿La fecha que figura en el documento es la fecha en que se firmó?
- ¿El testamento ológrafo que apareció es auténtico?
- ¿Con qué máquina de impresión mecánica se escribieron los anónimos de amenazas que dejaron en el buzón?
- ¿Y las pintadas en el ascensor?
- ¿Quién las escribió?
- ¿Cómo proceder cuando se tiene la más mínima duda sobre la autoría y/o la autenticidad de cualquier documento que nos aportan, sea aparentemente original o copia, en cuanto al soporte y/o al contenido del mismo?

Es decir, contratos de todo tipo, cuadernos de notas, testamentos ológrafos, firmas, anónimos, grafitis, realizados de forma manuscrita o por impresión mecánica, en todo tipo de soportes y elaborados mediante cualquier útil escritural.

Por tanto y sin dudar de la buena fe de nadie, como norma general, aunque en apariencia sea un original no podemos confiar en la autenticidad de *"cualquier papel, o posible documento"* que nos llegue, por el medio que sea, como correo electrónico, fotocopia o servicio de mensajería digital.

Hemos de ser conscientes que con los medios que dispone cualquier profano, sin apenas conocimientos informáticos, puede elaborar una "composición" escaneada e impresa en color, haciéndola pasar por un documento original que nunca existió.

3.2. ¿QUIÉN Y CÓMO NOS PUEDE AYUDAR?

El profesional que de forma eficaz nos puede ayudar es un perito judicial calígrafo. Es una persona ajena al proceso, un auxiliar de la justicia que posee conocimientos científicos, que de forma objetiva e imparcial nos asistirá. Analizaremos en los apartados correspondientes la conveniencia de contratarlo por la parte interesada, se denomina "perito de parte".

Se le facilitarán los documentos necesarios para que realice un estudio y cotejo razonado que plasmará en un informe pericial grafotécnico. A criterio del letrado de parte, lo incluirá junto con el resto de pruebas en el procedimiento legal que corresponda al caso.

Es necesario señalar que, en multitud de ocasiones, un detallado informe pericial encargado por alguna de alguna de las partes, puede contribuir a iniciar la negociación entre los posibles litigantes facilitando un entendimiento.

Suele ser conveniente para las partes ceder en "sus legítimas pretensiones" negociar y pactar un acuerdo por escrito. Es la forma de evitar pleitos que como ustedes saben, son costosos, duraderos, de resultados inciertos que, con frecuencia llevan a extremos en que el desgaste emocional, psicológico y el estipendio generado a las partes enzarzadas, llega a ser de magnitudes descomunales e irreversibles de tal manera que todos suelen terminar perjudicados. *"Más vale un mal arreglo que un buen pleito"*.

3.3. PROPOSICIÓN DE LA PRUEBA PERICIAL CALIGRÁFICA

La ley procesal prevé el cotejo de letras mediante un perito: *"cuando la autenticidad de un documento privado se niegue o ponga en duda por la parte a quien perjudique"* Art. 349.1 LEC. o *"cuando se niegue o discuta la autenticidad de cualquier documento público que carezca de matriz y de copias fehacientes"* Art. 1221 CC., *"siempre que dicho documento no pueda ser reconocido por el funcionario que lo hubiese expedido o por quien aparezca como fedatario interviniente"* Art. 349.2 LEC.

La prueba pericial caligráfica cuando sea a propuesta judicial, el perito será designado por el tribunal conforme a lo dispuesto en los artículos 341 y 342 LEC, indicándose en el Art. 350 y 351 LEC cuáles son los documentos indubitados y en su ausencia se levantará cuerpo de escritura para efectuar el cotejo. El Art. 352 LEC contempla la realización de dictámenes periciales de pruebas admitidas por el tribunal al amparo de lo previsto en los apartados 2 y 3 del Art. 299 LEC.

El planteamiento, proposición y desarrollo de la prueba pericial en su conjunto, en la jurisdicción civil, aparece concretado en la LEC Arts. 265, 282, 284, 285, 331, 336, 337, 338, 339, 341, 342, 346, 426 y 427. Antes de emprender acción judicial alguna además de consultar con su perito de parte, en el punto 22 de este manual se puede consultar el resumen de la normativa legal aplicable. La jurisdicción penal se rige por la LECrim.

3.4. EL TESTIGO Y EL PERITO.

- El testigo es insustituible ya que narra hechos vividos que ocurrieron fuera del procedimiento, normalmente de forma verbal y puede recibir una indemnización, Arts. 360 y 361 LEC.
- El perito es una persona ajena a los hechos que, de forma objetiva e imparcial, informa siempre por escrito y percibe honorarios por su trabajo, Arts. 335 y 340 LEC.
- El perito puede ser tanto una persona física como jurídica Art. 340.2 LEC se refiere también a *"las academias e instituciones culturales y científicas que se ocupen del estudio de las materias correspondientes al objeto de la pericia"*.
- Al perito, se le requiere en el proceso exclusivamente por su preparación artística, científica o técnica, sin que sea relevante el modo de adquisición de sus conocimientos, ni siquiera que tenga o no un *"título oficial"* que le faculte para ejercer la profesión, Art. 457 LECrim.

- El perito alcanza un protagonismo "esencial e insustituible", en el momento de "descubrir la verdad" cuando se practican las pruebas en el juicio oral.
- Así mismo existe una figura híbrida *"el testigo-perito"*, quien testificará sobre hechos pasados en los que haya intervenido o de los que ha tenido conocimiento por referencia, admitiéndosele en este sentido las manifestaciones que se deriven de los conocimientos científicos, técnicos, artísticos o prácticos que posea sobre la materia.
- En relación a tales manifestaciones las partes podrán hacer notar al tribunal la concurrencia de las circunstancias de tacha, poniendo en sobre aviso al juzgador de la posible parcialidad de su declaración Art. 370 LEC.

4. Antecedentes históricos de la pericia caligráfica

La primera alusión a la falsificación de un documento público relevante es hacia el siglo V a. c., en Atenas, Grecia. En la época del Imperio Romano, fue más común el uso de ardides con fines delictivos, tanto sobre monedas y testamentos, como sobre disposiciones del César. Tanto es así que, en el año 78 a. C. fue promulgada por Lucio Cornelio Sila, la "*Lex Cornelia de Falsis*", donde establecía la comparación de manuscritos cuando se sospechara la veracidad de una escritura, antecedente éste considerado como una primitiva aprobación reglamentada del peritaje caligráfico, aunque el procedimiento era precario y poco fiable.

Tras la caída del Imperio Romano a finales del siglo IV, se detuvo la evolución de las ciencias jurídicas, sustituyéndose la prueba de testimonios y de comparación por la confesión del imputado, generalmente obtenida a partir de torturas, muy propio de la Edad Media. Durante este período, proliferaron los títulos nobiliarios falsos o adulterados, así como también, los privilegios reales y las bulas papales que, al no existir métodos para diferenciar su autenticidad, circulaban con total impunidad.

El rey de Castilla, Alfonso X "El Sabio" (1221-1284), elaboró "El Libro de las Leyes" que más tarde pasaría a ser conocido como "Código de las Siete Partidas" (1265), fue el primero en regular la prueba pericial en un cuerpo legal redactado con el fin de lograr uniformidad en la aplicación de la justicia en el reino. En él mencionaba las modificaciones de la escritura por causas involuntarias, que no persiguen fines criminales, sino a aquellas que se dan por el transcurso del tiempo y la naturaleza en una misma persona. *"No es lo mismo la letra de una persona cuando es joven y sana, que cuando está vieja y enferma"*. Además, enumeraba normas para evaluar los escritos impugnados, sentando las bases de la profesión de experto en escrituras y documentos cuestionados.

A partir del invento de la imprenta por Gutenberg en 1440, se incrementó la circulación de libros que favoreció la divulgación de los idiomas, la cultura y el comercio. Aparecieron nuevas técnicas de falsificación y adulteración de documentos.

La "Real Orden del Ministerio de Fomento de 24 de marzo de 1887 es el primer ordenamiento legal que señala que es tarea de los tribunales describir y designar a los peritos calígrafos, entonces conocidos como *"Revisores de letras: Son las personas más o menos competentes en el arte caligráfico, a quienes el Tribunal encarga la revisión y cotejo de escritos sospechosos, para que después del debido examen, expongan bajo juramento su parecer".*

Durante la primera parte del siglo XX, muchos juzgados españoles se servían de la intervención de un tipo de profesionales de la pericia caligráfica que, desarrollaban su trabajo desde una perspectiva más intuitiva que científica como, maestros de escuela cuya formación era en esta disciplina, básicamente autodidacta, con nociones de caligrafía y cotejo de letras. Su experiencia se basaba en "*descifrado de exámenes*", que les permitía disponer de cierto *"ojo grafo-crítico"* y algunas habilidades carentes de rigor científico.

Los juzgadores confiaban en ese tipo de "peritaciones" y en casos de extrema dificultad, se solicitaba con los Servicios de Documentoscopia o de Grafística de la Policía Científica o de la Guardia Civil.

A lo largo del siglo XX, teniendo en cuenta el creciente aumento de alteraciones y falsificaciones, los peritos calígrafos han ido adquiriendo cada vez mayor protagonismo, como expertos auxiliares de la justicia que son.

5. Aclaremos algunos conceptos que suelen confundirse

5.1. ¿QUÉ ES GENÉRICAMENTE LA PERICIA CALIGRÁFICA?

La pericia nace de la limitación de conocimientos del juzgador, que como cualquier persona no posee conocimientos enciclopédicos. Su misión es conocer la verdad y aplicar las leyes, para ello necesita en multitud de casos servirse de peritos expertos que le asesoren en materias concretas.

La función genérica del perito es aportar dichos conocimientos adquiridos por su profesión, por su pericia o por su experiencia, que proporciona una información fundamental, mediante el estudio y la investigación, que no van dirigidos a la defensa de una de las partes, sino a la justa valoración para que el Tribunal entienda lo que en realidad ocurrió.

Es el estudio científico y análisis técnico pormenorizado de documentos, ya sean manuscritos o realizados mediante impresión mecánica. Investiga las distintas formas de posibles manipulaciones y/o falsificaciones del soporte, del contenido de escritos y documentos cuestionados, con el fin de identificar al posible autor/a.

El perito calígrafo como experto en materias relacionadas con la Criminalística Documental, a requerimiento de alguna de las partes personadas en el procedimiento, o antes de iniciar un procedimiento (actúa como perito de parte) o por nombramiento del juzgado, (actúa como perito judicial), realiza un cotejo sobre los documentos cuestionados denominados DUBITADOS que son el objeto de la pericia, sirviéndose como elementos de comparación de documentos INDUBITADOS cuya autenticidad sí es reconocida. Aplica diversos métodos científicos buscando indicios y evidencias de posibles hechos criminales con el fin de esclarecer y determinar las circunstancias, causas e incluso al autor/a.

El desarrollo del cotejo y las conclusiones del análisis se plasmarán en un DICTAMEN contenido en el INFORME PERICIAL GRAFOTÉCNICO, siempre por escrito.

Es frecuente encontrar en los medios de comunicación frases en las que se usa ese sustantivo como un adjetivo que acompaña a palabras como informe o prueba *"El fiscal encargado del caso, está esperando recibir el informe calígrafo"* o "*Los peritos afirman que las muestras aportadas para realizar la prueba calígrafa no son suficientes para emitir un informe"*.

En estos casos, lo adecuado habría sido emplear el adjetivo "*caligráfico"*, que sí puede aplicarse a objetos, *"el fiscal encargado del caso, está esperando recibir el informe caligráfico" o "los peritos afirman que las muestras aportadas para realizar la prueba caligráfica no son suficientes para realizar un informe"*.

Es adecuado añadir el nombre *calígrafo* para explicar o modificar el significado de otro sustantivo si se refiere un "*perito calígrafo* o *experto calígrafo"*.

En determinados supuestos y siempre que lo autorice el Juzgado, puede actuar más de un perito de la misma materia.

5.2. ¿QUÉ TIPOS DE PERICIAS SE PUEDEN REALIZAR SOBRE DOCUMENTOS Y ESCRITOS?

5.2.1. Pericias caligráficas

Mediante la grafística, se analizan textos manuscritos, firmas, cifras, anónimos, etc. Entre ellas las más comunes son las determinaciones de autenticidad o falsedad de firmas, identificación de anónimos, autenticación de testamentos ológrafos. Identificar si un texto, palabra, o línea fue añadida con posterioridad, es decir si fue confeccionado en el mismo acto, por la misma persona y mano.

5.2.2. Pericias documentales

Mediante la documentoscopia, se investiga cualquier tipo de manipulación en el soporte de un documento, si ha sido alterado en parte o en todo, determinando su autenticidad o falsedad. Análisis de textos, de tintas para verificar similitudes o diferencias, realizados por cualquier útil de escritura o sistema impresor, posibles composiciones mediante el uso de escáner, pdf, medios informáticos, fotografías, fotocopias, la antigüedad, tipos de soportes, supresiones, borrados, añadidos, interpolados, identificación de sellos y cuños, etc.

5.2.3. Pericias mixtas

Puede ocurrir que el perito, fruto del estudio y análisis de las muestras, encuentra evidencias que le llevan a ampliar el desarrollo del encargo solicitado, para lo que necesitará aplicar diversos métodos de investigación. Sea cual fuere el objeto de la pericia solicitada, como norma general, el experto debe examinar, rigurosamente todos los elementos de los documentos utilizando, a ser posible y siempre los originales, de lo contrario podría incurrir en graves errores que invalidarían su dictamen.

Veamos un ejemplo de pericia mixta:

Se le solicita al perito que verifique la autenticidad de una firma en un supuesto pagaré presentado al cobro. La rúbrica es reconocida por su autor, aunque no reconoce haberlo firmado. El texto del pagaré aparece en un impreso de Timbre del Estado original auténtico, la parte inferior fue recortada.

TIMBRE DEL ESTADO

0,03 EUROS

1

TRES CÉNTIMOS DE EURO

CLASE 8.ª

DOMICILIO DE PAGO: ENTIDAD: CAJAMAR

FECHA DE VENCIMIENTO DEL PAGARÉ: / /2 2400 C)
POR ESTE PAGARÉ ME COMPROMETO A PAGAR EL DÍA DEL VENCIMIENTO, Y EN EL DOMICILIO ARRIBA INDICADO A: SIN PROTESTO, DOS MIL CUATROCIENTOS EUROS.

DICHO IMPORTE SE HACE ENTREGA EN EFECTIVO EN LA CIUDAD DE MURCIA. VALOR RECIBIDO A NUESTRA ENTERA SATISFACCIÓN. ESTE PAGARE ESTA SUJETO A LA CONDICIÓN DE QUE AL NO PAGARSE A SU VENCIMIENTO, SERÁ EXIGIBLE HASTA EL DÍA DE SU LIQUIDACIÓN, Y CAUSARÁ UNOS INTERESES MORATORIOS ACUMULATIVOS AL TIPO DE INTERÉS DEL 10 % PAGADERO EN ESTA CIUDAD.

PAGARE

Expedido en a de del

Y PARA QUE CONSTE A TODOS LOS EFECTOS ACEPTANDO TOTALMENTE TODAS LAS CONDICIONES Y FIRMO LA CONFORMIDAD SEGÚN LO NEGOCIADO EN EL PUNTO PACTADO.

NOMBRE DE LOS FIRMANTES DEL PAGARÉ:

Conforme, leído y entendido.

NOMBRE:

APELLIDOS:

DNI:

NOMBRE:

APELLIDOS:

DNI:

Figura 1. Anverso de un falso pagaré presentado al cobro. El óvalo contiene una reproducción de la firma de la víctima. Se han eliminado de la reproducción datos sensibles, aplicando la normativa de protección de datos personales.

El falsario mediante una plantilla, cumplimentó el resto y lo presentó al cobro a través de una entidad bancaria. Se encarga un informe a un perito calígrafo de parte, que fruto de su investigación, con el instrumental adecuado, verifica y demuestra que el falsario realizó el pagaré partiendo de un "corta y pega" de una firma auténtica de la víctima. El falsario disponía de los datos personales y número de cuenta contenidos en documentos fruto de una relación comercial anterior con la víctima. Con medios informáticos y reprográficos los "estampó" en el Timbre del Estado original consiguiendo el falso pagaré.

El caso se resolvió satisfactoriamente debido que, a instancias de la parte perjudicada solicitó que se depositara el pagaré original en el juzgado.

El perito de parte lo examinó en sede judicial y gracias a su excelente profesionalidad llegó a las conclusiones citadas.

En innumerables ocasiones el dictamen pericial, es el único elemento probatorio con que cuenta el juzgador para sentenciar sobre documentos cuestionados, sean textos manuscritos o con impresión mecánica, anónimos, testamentos ológrafos, firmas, etc.

5.2.4. La lingüística forense, puede ser determinante

La identificación de la autoría de escritos de autor desconocido, se puede conseguir aplicando algunas técnicas de lingüística forense, ya que la forma de hablar y de escribir nos delata. Se pueden analizar y comparar textos manuscritos o por impresión mecánica, presentados como pruebas. Existe una variación individual del uso del lenguaje en la redacción, en gran parte inconsciente, que puede ser crucial para identificar al autor. Es una disciplina que requiere disponer de conocimientos específicos en relación con la lengua y los diversos aspectos extralingüísticos, como pueden ser el sexo, la edad, el nivel cultural, la profesión, la zona geográfica, etc. La atribución de autoría es generalmente un proceso muy complejo, debido a la diversidad de parámetros que es preciso analizar para sacar conclusiones. Hay pocos expertos en esta amplia disciplina.

5.3. EVOLUCIÓN DEL TÉRMINO "PERICIA CALIGRÁFICA"

El término "*pericia caligráfica*", originariamente servía para definir a los maestros que enseñaban caligrafía a los alumnos y que fueron los expertos en el cotejo de letras hasta bien entrado el siglo XX. La Policía Nacional y los Mossos d'Esquadra adoptaron el término "*grafoscopia*", mientras que la Guardia Civil y la Ertzaintza empleaban el término "*grafística*".

Muchas personas, incluidos los operadores jurídicos confunden, entre otros términos, la pericia caligráfica con la grafología. Aunque estas dos disciplinas tienen una conexión común con la escritura y son de interés para la ciencia forense, difieren en el propósito y en el método.

En tiempos pasados los anticuarios, bibliotecarios, archiveros, expertos en paleografía, diplomática, maestros de escuela y "grafólogos de revistas del corazón", ejercieron funciones de peritos calígrafos. En la actualidad se requiere una formación continua y el uso de un instrumental adecuado.

5.4. DEFINICIÓN DE LA GRAFOLOGÍA

La RAE define la grafología *"como un arte, que tiene como objetivo dibujar un retrato psicológico de un individuo a partir de la observación de su escritura"*. Según los criterios que se utilicen y la escuela que se siga los resultados podrán ser divergentes, es por tanto subjetiva. Según el caso, debería completarse con estudios psicológicos y/o lingüísticos.

Parte de la reputación positiva de la grafología se basa en confundir a los grafólogos con los examinadores de documentos cuestionados (EDC) o peritos calígrafos. Éstos últimos son, o deberían ser, investigadores científicamente preparados que, con el empleo de instrumental y el uso de técnicas apropiadas al caso, redactan un informe detallando las conclusiones razonadas de tal forma que puedan ser verificables por otros peritos y entendidas por el juzgador.

La grafología precisa de manuscritos espontáneos, cuyos autores son conocidos, es decir son INDUBITADOS, mientras que en grafocrítica o pericia caligráfica, se cotejan escritos INDUBITADOS con escritos DUBITADOS o cuestionados que son el objeto del estudio.

En grafología es preciso al menos un manuscrito para el análisis psicológico del individuo, mientras que en pericia caligráfica son necesarios al menos, dos elementos escriturales, la muestra DUBITADA, que se coteja con al menos una muestra INDUBITADA, denominada también muestra patrón.

5.5. LA CRIMINALÍSTICA DOCUMENTAL Y OTRAS CIENCIAS AUXILIARES

La criminalística documental es la parte de la criminalística que estudia las distintas formas de manipulación y falsificación de escritos y documentos cuestionados, de todo tipo, que se plasmará en un informe pericial. Aplica técnicas y métodos científicos e investiga en su conjunto los indicios y evidencias de un hecho criminal con el fin de esclarecer y determinar las circunstancias, causas y la autoría del mismo.

A diferencia del punto de vista de la grafología, si dos calígrafos llegan a dictámenes contradictorios, respecto al mismo asunto, es seguro, que al menos uno de ellos, es erróneo.

La grafística estudia las particularidades gráficas mediante el cotejo de textos DUBITADOS e INDUBITADOS, manuscritos o realizados por impresión mecánica al objeto de averiguar su autenticidad y/o determinar su autoría, analizando cada grafismo y su relación con los demás.

La documentoscopia se centra en el estudio integral del documento como la disposición de los elementos que lo componen, el útil empleado, la tinta, el papel, la influencia en el soporte por la antigüedad, estado de conservación, posibles alteraciones, etc.

La diplomática parte de conocimientos históricos enfocando el estudio científico de los diplomas y otros documentos antiguos, con el fin de establecer su autenticidad o falsedad.

La paleografía acompaña a la diplomática en el auxilio de la crítica histórica, necesaria para el estudio de los documentos acusados de falsos. Se puede decir que ambas disciplinas nacieron en el mismo contexto.

Junto a estas se encuentran también otras ciencias relacionadas con la paleografía, como la epigrafía, la bibliología, y la numismática, las cuales no se limitan al estudio de los caracteres gráficos de sus objetos materiales sino que examinan la autenticidad, el estilo, el formulismo y otras particularidades de los documentos sobre los que versan. Otras ciencias como la heráldica, la sigilografía y la lingüística también auxilian a la paleografía, permitiendo identificar el contexto donde se produjo el documento y la utilidad del mismo.

En algunos países el término "*grafotecnia*" se utiliza en lugar de "*pericia caligráfica*". La denominación más apropiada del estudio sería ***"INFORME PERICIAL GRAFOTÉCNICO"***

La denominación oficial "peritos calígrafos" es una denominación anticuada e inadecuada, la denominación actualizada podría ser ***"PERITOS EXAMINADORES DE DOCUMENTOS Y ESCRITOS CUESTIONADOS"***.

En definitiva, una prueba pericial en grafística y documentoscopia sobre escrituras y/o documentos cuestionados tiene como objetivo, mediante análisis técnicos y científicos, con instrumental apropiado, obtener las evidencias sobre la autenticidad, falsedad y/o alteración de escritos, firmas o documentos diversos en diversos soportes, papel, archivos pdf, etc. y si fuera posible, determinar el autor, es decir, no se limita solo al examen de la letra o la firma, sino también al útil, la tinta, el soporte empleado e incluso establecer una aproximación de la antigüedad del documento.

6. La escritura y la firma

6.1. EL ACTO DE ESCRIBIR.

Es un fenómeno enormemente complejo, intervienen diversos factores, fisiológicos, psicológicos, ambientales, culturales, materiales, etc. El gesto gráfico está regido por el cerebro e integrado en la psicomotricidad general del sujeto. De la misma forma que una persona anda, corre, habla, ríe y gesticula de un modo peculiar, que permite distinguirla de las demás, la escritura está conformada por la personalidad de su autor por su forma de ser y de manifestarse, es decir tiene pleno valor identificador susceptible de análisis y medición.

Las primeras formas de comunicación humana nos llegaron a través de las pinturas rupestres, que son ideográficas y cumplían las mismas funciones que cumple la escritura en la actualidad. El principio de la escritura aparece en los jeroglíficos. Los egipcios expresaron ideas y pensamientos mediante dibujos de objetos de uso cotidiano, con gran habilidad y perfección.

En la Grecia arcaica se habían empleado escrituras ideográficas como la cretense, pero los griegos adaptaron, alrededor del s. IX a.C., el alfabeto fenicio a su propia lengua, utilizando unos signos propios para representar las vocales, lo que permitía que el texto escrito fuera aún más fiel a la forma hablada de la lengua, siendo así más fácil de leer.

Los etruscos, en contacto constante con los griegos, transformaron el alfabeto griego y lo transmitieron a los romanos en forma de alfabeto latino. Sería Roma, gracias a su imperio, quien difundiría el alfabeto a todo Occidente.

La invención del alfabeto supuso la gran revolución de la escritura, el gran paso adelante para las culturas de la antigüedad. El éxito del sistema alfabético se perpetúa hasta nuestros días.

6.2. LA FIRMA Y LA RÚBRICA.

Es una forma gráfica autógrafa, elegida o asimilada, que utilizamos para identificarnos ante los demás. Tiene una serie de características, similares y coincidentes, como son la forma, la proporción, presión, enlaces, etc., que le dan carácter individual y diferenciador. Tanto es así que, de darse el caso, si dos firmas son exactamente iguales, al menos una de ellas es falsa.

Partiendo de la evolución histórica y social, se ha otorgado valor jurídico a las diferentes representaciones de la firma para autenticar y confirmar su validez. Así, en el *Código de Hammurabi* (1.750 a.C.), se exigía que el documento que contenía la sentencia dictada por los tribunales, había de quedar escrita y sellada como garantía de su autenticidad.

En Roma se asignaba más valor a la prueba de testigos que junto con las partes, firmaban el documento. La autenticidad del documento se llevaba a cabo en la ceremonia llamada "*manufirmatio*", que consistía en la lectura del documento en voz alta por el "*notarius*", a continuación, se desplegaba sobre una mesa, pasando la mano por encima en señal de aceptación de su contenido y al final se escribían los nombres de los intervinientes. El desconocimiento de la lectura y escritura, propiciaba que muchos documentos no se firmaran.

Posteriormente, la utilización de sellos o marcas personales fue un hecho muy común, ya que el arte de la escritura era ejercido por muy pocos, hasta el punto de que muchos reyes y emperadores de la antigüedad no sabían escribir ni su nombre; como el caso de Carlomagno, que siendo uno de los hombres más poderosos en el siglo IX de toda Europa occidental no sabía escribir, aunque demostró interés por la cultura. Autorizó las actas imperiales con una cruz que estampó sobre su nombre que un escribano manuscribió.

Bien entrada la Edad Media se generalizó el uso de sellos de cuño por parte de los funcionarios gubernamentales con el fin de garantizar la autenticidad de los documentos oficiales, práctica que más tarde se extendió a los nobles y caballeros, como un signo personal distintivo que permitiera conocer la identidad del autor del documento que acostumbraban a transportar en contenedores especiales.

La rúbrica es un elemento importante que forma parte de la firma, incluso en muchas ocasiones, es la firma. Data de la Edad Media, y al parecer proviene etimológicamente del latín "*rubrum*" (rojo). La rúbrica se colocaba al pie del documento, después se añadían tres palabras latinas con tinta roja, "*scripsit, firmavi,t recognovit*", (escrito, firmado, reconocido) que de alguna manera daban fe de autenticidad oficial al mismo. Con el tiempo, estas palabras se fueron deformando hasta hacerse ilegibles, convirtiéndose posteriormente en dibujos embrollados. El pueblo llano, desconociendo su verdadero significado, interpretó aquel garabateo como un signo de buen gusto y distinción, intentando imitarlo. Todavía, hay quien sigue considerando las firmas con grandes rúbricas, como elegantes y propias de personas importantes.

Con la generalización del uso de la escritura y la necesidad de utilizar documentos públicos y privados, la firma manuscrita fue adquiriendo la importancia y la función que actualmente se le asigna, que se refleja en el reconocimiento de su valor jurídico.

6.3. FUNCIONES DEL ACTO DE FIRMAR:

6.3.1. Identificativa

Sirve para identificar al autor de la misma que expresa su conformidad con el contenido del documento, bien porque es legible, se puede leer perfectamente el nombre del firmante o bien porque, aunque sea ilegible, es un signo repetido por dicha persona de forma constante y conocido.

6.3.2. Declarativa

Puesto que es el instrumento de la declaración de voluntad del firmante, ya que supone asumir el contenido del documento y los derechos y obligaciones de lo declarado en él.

6.3.3. Probatoria

Permite identificar si el autor de la firma es efectivamente aquel que el contenido del documento manifiesta y que ha sido identificado como tal en el acto de la firma que, aunque la persona no reconozca haber firmado el documento, será elemento de prueba la verificación de dicha autoría mediante cotejos realizados por peritos calígrafos.

6.4. TIPOLOGÍAS DE FIRMAS MANUSCRITAS:

Algunas personas se identifican con más de una firma, la ejecutan completa o abreviada dependiendo de la importancia del documento, de la frecuencia, cantidad de firmas, de la solemnidad, si va acompañada de antefirma y/o sello, etc.

6.4.1. La firma entera o textual completa

Contiene el nombre, uno o dos apellidos y con frecuencia rúbrica, a veces envolvente a modo de adorno. Al ser más rica gráficamente, reúne más características que dificultan la posible falsificación. En caso de peritar, es más segura de cara a llegar a conclusiones incuestionables.

6.4.2. Media firma

Firma simplificada o de tipo mixto: Se consideran aquellas que son la abreviación de la firma entera. Suelen contener algunos grafismos ilegibles y/o legibles de desigual forma. Realizadas generalmente por personas que firman con frecuencia. A veces forma parte de un cuño con o sin antefirma.

6.4.3. Visé.

Es una firma muy simple que consta de un sencillo y abreviado trazado que se realiza en un solo movimiento escritural, es decir de una tacada, sin levantar el útil del papel y que se utiliza normalmente para dar conformidad o "*visto bueno*" *(V°. B°.)*. La ausencia de masa gráfica, dificulta las posibilidades de pronunciar una conclusión categórica sobre su autoría, si no se dispone de abundantes muestras con las que cotejarla. Es de uso frecuente en documentos oficiales. Suele ir acompañada de un sello de cuño que le otorga validez oficial.

6.5. LA FIRMA ELECTRÓNICA

El Art. 3 de la Ley 59/2003 de Firma Electrónica distingue varios tipos de firmas:

6.5.1. Firma electrónica simple.

"La firma electrónica es el conjunto de datos en forma electrónica, consignados junto a otros asociados a ellos, que pueden ser utilizados como medio de identificación del firmante". P. ej. la que empleamos en los correos electrónicos. No tiene validez legal.

6.5.2. La firma electrónica avanzada.

"Es la firma electrónica que permite identificar al firmante y detectar cualquier cambio posterior de los datos originalmente firmados, que está vinculada al firmante de manera única y a los datos a que se refiere, que ha sido creada por medios que el firmante puede utilizar, con un alto nivel de confianza y bajo su exclusivo control". P. ej. Las firmas realizadas en tabletas digitalizadoras. La posible validez legal se acreditaría con posterioridad.

6.5.3. Firma electrónica reconocida.

Se considera firma electrónica reconocida, la firma electrónica avanzada basada en un certificado reconocido y generada mediante un dispositivo seguro de creación de firma. Tiene respecto de los datos consignados el mismo valor que la firma manuscrita de los datos contenidos en papel. P.ej. el DNI electrónico, el certificado de la F.N.M.T. Tiene plena validez legal.

6.5.4. La copia autorizada electrónica notarial.

Es un documento electrónico, archivo pdf o similar, generado por el notario que autorizó la escritura. Tiene el mismo valor y los mismos efectos que la copia en papel y se le atribuye también valor de documento público. La normativa vigente, sólo permite la remisión de copias autorizadas electrónicas a otros funcionarios públicos y a órganos jurisdiccionales. Los legisladores decidieron dejar la copia electrónica autorizada notarial en el ámbito jurídico-público para garantizar la seguridad del proceso y del documento. Por la misma razón, la copia autorizada electrónica sólo puede ser trasladada a papel por un notario.

6.5.5. Comunicación y notificación de poderes procesales al CJPJ.

Mediante este servicio cualquier poder otorgado en cualquier oficina notarial de España, puede ser comunicado mediante canales seguros telemáticos al Punto Neutro Judicial, para evitar el papel en la Administración de Justicia y permitir al Letrado de la Administración de Justicia, consultar si el poder exhibido en cualquier procedimiento judicial es auténtico y vigente. Del mismo modo, el poder procesal otorgado en una notaría, está disponible en un portal seguro para todos los procuradores de España con el objeto de que puedan consultarlo en tiempo real.

7. Sistemas biométricos para captura y/o verificación de firmas

7.1. ¿QUÉ PUEDE OCURRIR CON SU FIRMA PLASMADA EN UNA PANTALLA?

Las firmas recogidas en tabletas digitalizadoras, pantallas de móviles, etc. son de especial consideración, debido a la ausencia de garantías técnicas y jurídicas. En los últimos años han proliferado dichas tabletas acompañadas de un marketing "tendencioso" que destacaba su fiabilidad.

¿Quién no ha "firmado" en tabletas de diversas entidades, contratos, autorizaciones, seguros, cambio de condiciones contractuales, apertura de cuentas, compras, etc.?

Esas "firmas" no han quedado estampadas como originales que tienen el efecto de documento afirmando una voluntad en un espacio-tiempo concreto. Por el contrario, se han convertido en unos datos numéricos, ceros y unos, susceptibles de captura y manipulación mediante programas informáticos con la posibilidad de reproducción indefinida, sin la debida autorización y/o su empleo con fines delictivos, que escapan a la voluntad de la persona firmante.

Nadie nos garantiza que no se puedan utilizar replicándolas para "colocarlas" en otros dispositivos generando "nuevas obligaciones o contratos", sin nuestro permiso, por tanto, su autenticidad es cuestionable.

La firma ejercitada en tabletas digitalizadoras, tiene el carácter de sello o estampilla, a diferencia de la firma manuscrita de puño y letra estampada en un documento original.

Figura 2. Estampando la firma en una pequeña tableta.

La consigna es: "FIRME USTED EN EL RECUADRO CUANDO LE INDIQUE", con la dificultad de firmar sobre una pequeña superficie, en la que no figura el contenido que se rubrica, con un "lapicero de plástico", amarrado en corto al dispositivo. Las tabletas son de un formato tan reducido que el firmante no puede leer el contenido de lo que "supuestamente firma". Además, normalmente si el cliente no pide el documento o contrato es probable que no se lo entreguen. Derivados de esas "firmas", pueden sobrevenir serios problemas posteriormente.

DOMICILIACIÓN

El que suscribe ordena a la entidad financiera aquí indicada que realice c

FIRMA TITULAR CUENTA A CARGO

Firma autorizada:

Poder notarial:

3

TITULAR DE LA CUENTA DE CARGÓ/DNI: EL MIS

SOLICITUD CAMBIO TITULAR

FIRMA ANTIGUO TITULAR

NO

Firma autorizada:

El n

con

Poder notarial:

FIRMA

El firmante declara que los datos incorporados a este contrato son co
tarifas del servicio que le son entregadas en este momento
expresamente que el poder o autorización en virtud del cual actúa es

FIRMA CLIENTE

Firma autorizada:

Poder notarial:

SOLICITUD PORTABILIDAD INDIVIDUAL

INDIQUE OPERADOR DONANTE:

NÚMERO DE TARJETA SIM/ICC DEL DONANTE:

FIRMA AUTORIZADA CLIENTE SOLICITANTE: AP

DO

NA

PE

DO

Firma autorizada:

Poder notarial:

RE

Figura 3. Ejemplo de utilización de dos firmas puestas en tres apartados en un contrato de una compañía telefónica, los clientes firmaron solo una vez en una tableta y sus firmas se emplearon para tres fines distintos.

Otras tabletas, estas de alegres colorines son las que portan los carteros y repartidores de paquetería, algunos nos indican que firmemos con el "dedo-boli". El resultado suele ser similar a los garabatos que hacen los niños en la arena de la playa, no tienen ningún valor legal.

7.2. ELEMENTOS QUE CONFORMAN LA ESCRITURA.

En la escritura de cada persona intervienen multitud de parámetros, además de los biométricos, influye la inteligencia, la cultura, la elaboración abstracta, siendo de una complejidad no cuantificable. La firma y en general toda escritura manuscrita, está integrada por un conjunto de elementos independientes que se ensamblan y amalgaman formando su propia "arquitectura gráfica".

Todos utilizamos ingredientes similares, pero en proporciones diferentes, por lo que las escrituras, firmas y rúbricas presentan apariencias distintas. Es importante reseñar que estos componentes se pueden desglosar y medir en todos los idiomas.

Algunos parámetros diferenciadores:

- La forma es la tipografía o apariencia externa de la construcción gráfica, es uno de los aspectos a considerar en cualquier estudio de identificación. Es donde se concentra más la atención del falsificador y del auto-falsificador.
- La posición en la que se escribe. Se puede escribir sentado (en una silla, en un coche, en el suelo...), de pie sobre una mesa, sobre un libro en las rodillas, etc.
- El útil empleado ejerce en el soporte una impronta diferente, un bolígrafo es distinto a un lápiz o a un rotulador. Existen útiles de tinta líquida, que se deslizan sobre el papel sin apenas ejercer fuerza sobre ellos.
- La presión y la velocidad son inversamente proporcionales. Por ej.: Es mayor cuando se escribe un texto con tranquilidad en casa, que cuando se toman apuntes en clase a toda velocidad.
- La presión ejercida es variable, pero la relación entre cada uno de sus componentes suele ser aproximadamente la misma. Los trazos con iguales presiones estarán en los mismos lugares. Éste parámetro es muy relevante, ya que cada persona no ejerce en su escritura una presión constante.

En edades tempranas, usar útiles de punta fina supone destrozar el papel, conforme pasan los años y con la práctica se va mejorando la psicomotricidad, dando lugar a una escritura más fluida. Es un proceso similar al que se puede observar en la evolución de los maestros del dibujo y la pintura.

- La salud. Determinadas enfermedades se manifiestan en la escritura de formas diversas, temblores, torsiones, dirección del trazado, presión, etc. Son muy evidentes las anomalías producidas por las enfermedades que afectan al sistema nervioso, generalmente no reversibles.
- Otros factores como la hora en que se escribe, el estado de ánimo, el cansancio, la motivación e incluso el destinatario.

Los elementos gráficos, que en principio se analizan, son los siguientes:

- La dimensión
- La dirección
- La inclinación
- Forma
- Cohesión

- Continuidad
- La presión ejercida
- La velocidad
- La angulosidad
- La proporcionalidad
- Los enlaces
- La ornamentación
- El orden espacial
- La habilidad escritural

Para completar el estudio y cotejo de forma científica se analizarían por el experto los:

- Gestos tipo
- Puntos de identificación de manuscritos gráficos y no gráficos
- Puntos de referencia intrínsecos (PRI)
- Puntos de referencia extrínsecos (PRE)
- Reflejos gráficos condicionados (RGC)

El examen de contenidos en soportes digitales como grabaciones de video, audio, en discos ópticos o magnéticos, correos electrónicos, mensajería, redes sociales, etc., al ser reproducibles y/o descifrables por otros medios técnicos, requieren la intervención de expertos en otras especialidades de la Criminalística.

8. Cómo prevenir fraudes con nuestra firma

¿Cómo podemos evitar que nos falsifiquen la firma?

Algunos consejos para evitar que sea vulnerable:

- Para hacer su firma más segura, los expertos recomiendan realizar intersecciones y cambios en la dirección de los trazos, con movimientos rápidos y fluidos.
- Procurar ejercitar una firma cuya apariencia se manifieste similar cada vez que se haga.
- En el acto de la firma, lea atentamente todas las cláusulas, debe de estar de acuerdo con todos los contenidos y compruebe que figuran correctamente los datos de los intervinientes.
- Tener presente que algunos documentos tienen "letra pequeña" a la que también se está obligado. Las características de la "letra pequeña" están reguladas por leyes y jurisprudencia.
- Ante cualquier duda, antes de firmar un documento relevante, consulte a un experto en la materia, que no sea parte interesada como abogado o gestoría, para que le informe a qué se compromete y las consecuencias que se derivan de la firma.
- La redacción de un documento, cuando necesita de varias páginas, debe de incluir en la parte inferior de cada página el nombre de los intervinientes con el espacio necesario para que cada uno pueda estampar su firma, de igual forma que se hace en la última página. En ningún caso se deben utilizar los márgenes, ya que si el documento fuese posteriormente grapado, taladrado o encuadernado se podrían dañar las firmas, poniendo en duda su autenticidad. También pueden firmar en el margen derecho, de esta forma se salvaría la posibilidad de que fueran dañadas por grapado o encuadernado.
- Se deben generar los originales necesarios para entregárselos a cada uno de los intervinientes.
- Los actuantes deben estampar su firma en cada uno de los originales, a ser posible en el mismo acto, en mismo lugar y fecha que ha de consignarse.
- Si el documento ha sido redactado en más de una hoja, comprobar que las hojas aparecen numeradas en el anverso y en el reverso, en caso de haberlo utilizado.
- Nunca deje espacio en blanco entre el final del texto y la firma. Firmar justo debajo del texto impreso e incluso mejor solapando

parte del mismo. Así evitará que puedan añadirse párrafos, frases o menciones posteriores al momento de la firma.

- Firmar siempre que se pueda en una posición cómoda, preferiblemente sentado, de forma que permita la movilidad del antebrazo y la muñeca.
- Procurar firmar con la firma habitual, la que figura en sus documentos de identificación y no con firma resumida o visé. Cuanto más sencilla sea su firma, más fácil será que la puedan intentar falsificar. Si lo desea puede tener un modelo de firma más abreviado para firmar documentos de escasa relevancia. Pero debería ser una muestra sintetizada de su firma completa, es decir, que se pueda considerar que procede de su firma completa.
- Jamás firme en documentos o impresos sin terminar de cumplimentar o en papeles en blanco, aunque tenga confianza en la persona que se lo pide. Sería muy difícil poder probar que una firma se dispuso en un documento en blanco, o parcialmente relleno y que el texto impreso o no estaba allí o se puso después de estampar su firma. Este tipo de falsedad se denomina abuso de firma en blanco.
- Utilice el mismo útil cuando ejecute su firma en un conjunto de documentos. Esto sería un indicio de que el útil y la tinta empleados coincidieron en el mismo acto.
- La tinta para firmar más apropiada es de color azul, en principio y a golpe de vista ayuda a diferenciar si el documento es original o copia.
- Prestar atención a las copias en color, que las pueden hacer pasar por originales, ante la duda las debe analizar nuestro calígrafo de confianza con el instrumental adecuado en su laboratorio.
- Siempre que sea posible, utilizar un útil de escritura de tinta confiable, dado que hoy día existen en el mercado tintas que pueden variar una vez impresas: algunas son borrables, otras reaccionan apareciendo o desapareciendo según se aplique frío o calor, etc.

Como consecuencia de los avances tecnológicos, han surgido otros métodos de identificación que progresivamente van desplazando a la firma manuscrita. A pesar de ello en la mayoría de los contratos, actuaciones judiciales y ante notarios se plasman las firmas de los interesados y de testigos intervinientes como una manera de responsabilizarse, social y jurídicamente.

En este punto quiero advertir del grave peligro de facilitar reproducciones del DNI ya que pueden usarse de forma delictiva. Los delincuentes dan de alta contratos, hacen compras y cometen delitos, implicando al titular. Demostrar que alguien ha suplantado nuestra identidad, puede ser además de costoso complicado de resolver.

En caso de tener que enviarlo, pixelar la foto y la firma sobre-escribiendo el motivo a que se destina, de forma similar a este ejemplo:

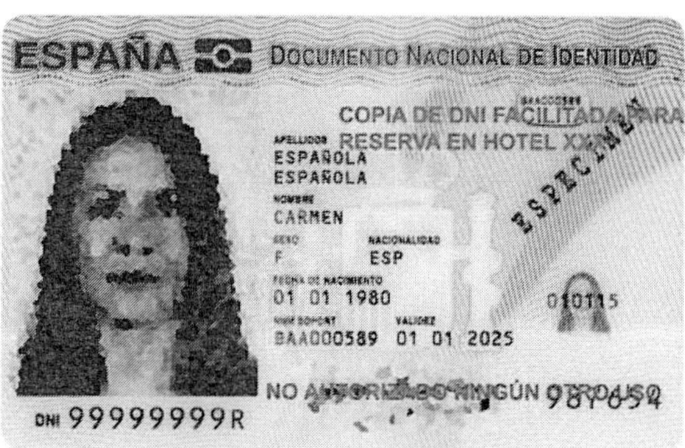

Figura 4. Ejemplo de un DNI pixelado y sobre-escrito con el fin de evitar fraudes. DGP.

Debemos tener presente que lo mismo que nos pueden espiar, extraer y clonar los datos de nuestros dispositivos electrónicos, por muy encriptados que estén, igual puede ocurrir con nuestra firma, tarjetas de crédito, etc.

La firma manuscrita, aunque puede ser imitable y falsificable por diversos procedimientos, es y continuará siendo uno de los mejores signos personales de identificación, ya que es prácticamente imposible que alguien pueda reproducir fielmente todos los rasgos gráficos al legítimo autor. Esto probablemente, sea uno de los factores fundamentales que asegure su supervivencia.

9. Falsificaciones y alteraciones documentales

Según la RAE "falsedad" es el *"delito consistente en la alteración o simulación de la verdad, con efectos relevantes, hechos en documentos públicos o privados, en monedas, en timbres o en marcas".*

Falsificación y falsedad, aparecen en nuestra legislación como sinónimos. (*Código Penal, Título XVIII, Capítulo II "De las falsedades documentales").* La falsedad se asocia a conductas que, por cualquier medio, tienen como finalidad el engaño de terceros, lo cual se produce cambiando la verdad. La mutación de la verdad, está en la naturaleza de diversas conductas delictivas entre las que se encuentran el dolo, el fraude y la estafa.

La falsificación de documentos es el proceso a través del cual, una o varias personas alteran y/o transforman la información original que poseía un documento, de cualquier índole, creando una modificación que se utiliza para usurpar derechos o eludir obligaciones legales o contractuales, con el fin de procurarse un beneficio en detrimento de los intereses de otros.

9.1. TIPOLOGÍAS CUANDO EL FALSARIO ES LA MISMA PERSONA

Mediante la desfiguración y el disimulo el falsario pretende impedir ser identificado, alterando su propia escritura. Las manifestaciones más frecuentes son las auto-falsificaciones y los anónimos.

9.1.1. Auto-falsificaciones

Se suelen presentar con más frecuencia en las firmas que en textos. La persona titular niega su realización, ya que en el mismo acto de realizarla tenía la intención de negar su autoría, por lo que intentó cambiar su propia firma o escritura con desarrollos diferentes a los suyos, con la intención de no vincularse con el contenido del documento.

9.1.2. Anónimos

Como sabemos son aquellos escritos que no llevan el nombre del verdadero autor, de contenido normalmente injurioso, se suelen realizar con letras mayúsculas. La identificación puede ser muy dificultosa. Son comunes la presión fuerte, cambio de tipos de letra, grafías que denotan escasa destreza gráfica, añadido o supresión de trazos y variación en el tamaño e inclinación de los grafismos.

9.2. TIPOLOGÍAS DE FALSIFICACIONES ORDINARIAS

En esta categoría el falsificador es una tercera persona. Se clasifican en seis tipos:

9.2.1. Falsificación por imitación

Cuando el falsificador se somete fielmente al modelo que intenta reproducir. Es el sistema más utilizado ya que toma como modelo la firma que pretende reproducir de la mejor forma posible.

9.2.2. Falsificación por imitación servil

El falsario sólo utiliza una firma auténtica que copia sin ensayar por lo que los desarrollos serán lentos, apareciendo rectificaciones, tachaduras, paradas innecesarias de tal forma, que el resultado es tan burdo y aparente que será muy difícil que pueda engañar a nadie.

9.2.3. Falsificación por asimilación de grafías

El método que utiliza el falsificador es el ensayo de la firma durante el tiempo necesario para conseguir adaptar sus propios grafismos a los de la persona que pretende suplantar, de forma que la dibujará con naturalidad y espontaneidad. Este tipo de falsificación no la realiza cualquier persona, ya que tiene que poseer gran habilidad escritural.

9.2.4. Falsificación por calco o transparencia

Se pretende obtener una copia de la firma o escritura que se quiere falsificar, siguiendo fielmente los recorridos de los trazos por contacto directo del documento original, aparecen trazos inseguros, lentos, temblorosos, con abundantes reenganches, retoques y enmiendas.

En algunos casos emplea el falsario un bolígrafo sin tinta repasando la firma auténtica presionando de modo que la huella de su silueta se transfiera al documento que va a ser falsificado, posteriormente con un útil con tinta repasará los espacios marcados. El trazado también es lento y tembloroso, pero lo que identifica este método de falsificación es el surco apreciable que no ha cubierto totalmente la tinta.

9.2.5. Falsificación libre

Consiste en replicar un texto o firma de manera desenvuelta, con fluidez para evitar anomalías que delatarían la falsificación como, detenciones, temblores, cambios de presión u otras deficiencias.

La elección de este método comporta que el falsificador ha de ser bastante habilidoso dando la sensación de espontaneidad, de esta forma las firmas realizadas por este procedimiento, cuentan con todas las características de calidad gráfica necesarias para no despertar sospechas sobre su autenticidad.

9.2.6. Falsificación arbitraria

Este tipo de falsedad generalmente aparece en relación a las firmas ilegibles (rúbricas) y a los vises (rúbricas muy esquemáticas). Se ejecutan con rasgos arbitrarios, rápidos y decididos, que no se parecen en nada a los desarrollos de la firma que se pretende falsificar. Se realizan generalmente una sola vez.

9.3. TIPOLOGÍAS MEDIANTE TÉCNICAS MIXTAS

9.3.1. Máquinas multifunción, escáner, impresoras y copiadoras

Empleando ordenadores con programas adecuados, el falsario puede realizar composiciones con recortes de documentos en tinta monocroma y/o en color, obteniendo un "documento que nunca existió", normalmente en formato pdf. Con las impresoras de tipo láser es muy difícil distinguir un original de una copia, debido a la gran calidad y nitidez que ofrecen. Las partículas que se depositan en el papel son de tamaño más reducido que el de las impresoras de inyección de tinta. **En las máquinas con tóner**

multicolor, el manuscrito o firma impresa será de un asombroso parecido al original, de tal forma que para un profano, será imposible distinguir si se trata de original o copia y el experto necesitará para verificarlo emplear instrumental adecuado.

9.3.2. Añadidos, intercalados

Consiste en la alteración de un escrito mediante inserción de grafías, palabras o frases para variar su significado, aprovechando los espacios en blanco o de formularios sin rellenar. Se presenta con frecuencia. Puede detectarse mediante el estudio de las tintas, de las características del útil de escritura y del cotejo de las diferentes grafías.

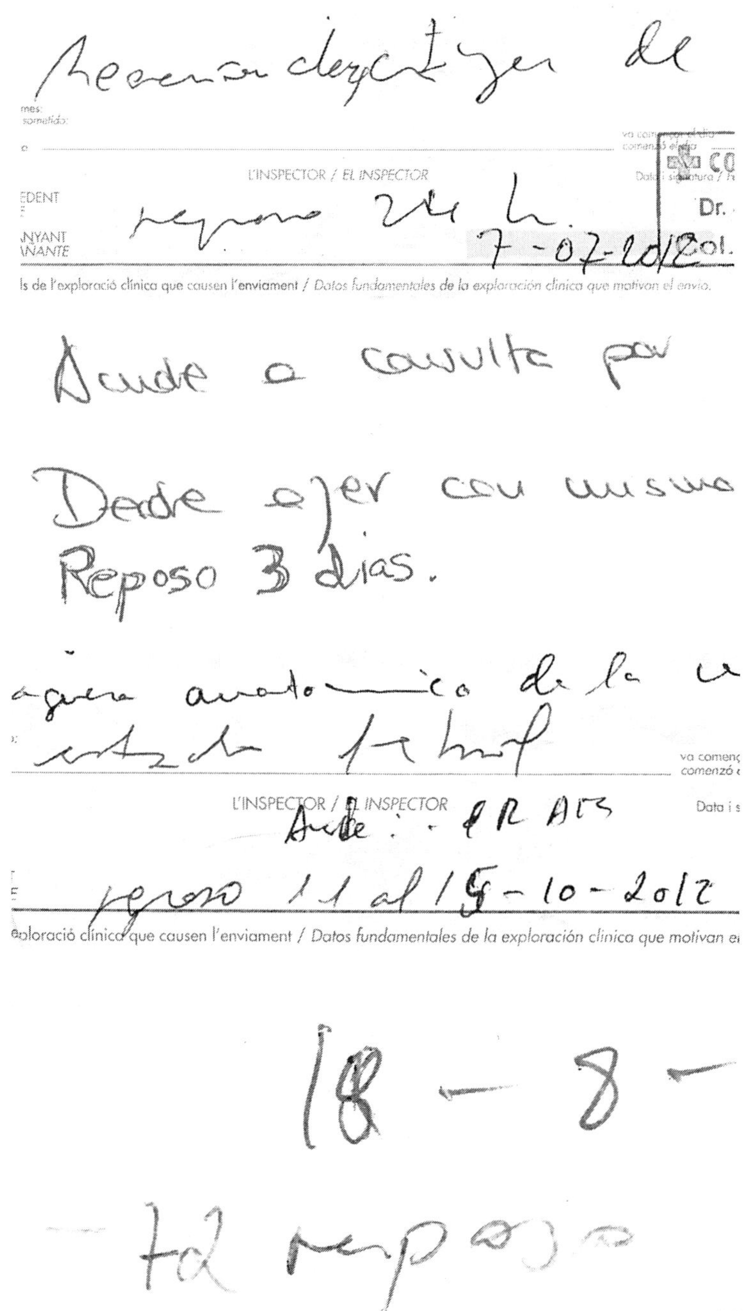

Figuras 5, 6, 7 y 8. Cuatro detalles de cuatro justificantes médicos manipulados por el citado procedimiento.

¿Se imaginan que ocurrió después de tanto reposo y siempre en días anteriores a sábados?

9.3.3. Abuso de firma en blanco

Se presenta con frecuencia en prácticas mercantiles, fruto de la buena fe y del exceso de confianza. Firmar recibís de entregas en metálico o determinados documentos, como albaranes, pre-impresos incompletos, etc. Son abundantes las firmas de familiares o socios, en documentos diversos como, cheques o pagarés, cuentas mancomunadas, libros de actas sin rellenar o con espacios en blanco, etc.

Un ejemplo frecuente; en el acto de la firma del contrato de trabajo, el empleado además firma el finiquito, de tal forma que la empresa puede liquidarle en la fecha que considere oportuna, con solo cumplimentar la fecha de finalización de su contrato.

9.3.4. Alteraciones por medios físicos y/o químicos

Mediante raspado, lavado, recubrimiento, tachadura, emborronado o recorte. Son procedimientos a veces muy agresivos y evidentes a simple vista, los más sofisticados se estudian mediante luces metaméricas.

Figura 9. Ejemplo de reemplazo por raspado

Nombre SANDRA ANDREA BRAVO ESPINOZA

Figura 10. Ejemplo de reemplazo de identidad por borrado

9.3.5. Retoque

Son pequeños arreglos que se dan a letras o guarismos para componer las imperfecciones que puedan tener para facilitar su lectura. Los retoques fraudulentos se utilizan p. ej. para convertir un "1" en un "7" un "3" en un "8" un "0" en un "6" o en un "9", e incluso para cambiar el significado de una frase. Les presento un ejemplo explicativo:

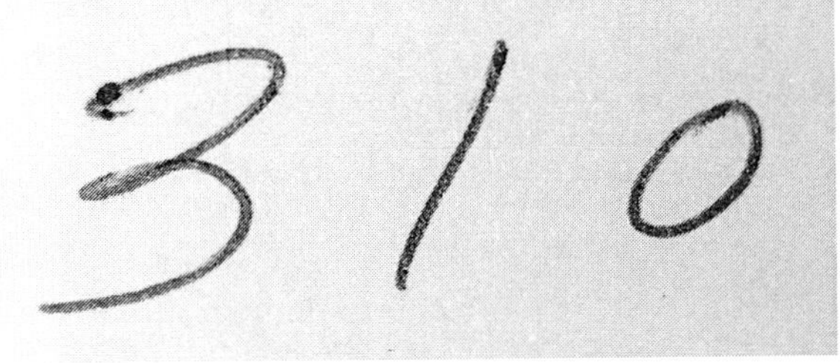

Figura 11. Ejemplo antes de los retoques.

Figura 12. Después de efectuar los retoques.

9.4. ALGUNAS EVIDENCIAS QUE DENOTAN FALSIFICACIÓN DE ESCRITURAS Y FIRMAS:

- Rectificaciones en el trazado
- Presión uniforme
- Ausencia de presión
- Retoques de letras
- Paradas innecesarias
- Descargas de tinta motivadas por paradas
- Levantamientos del útil de escritura, trazos retomados
- Firma camuflada, de difícil lectura por la superposición de sello de tinta
- Omisión de signos de puntuación, tildes y virgulillas
- Faltas de ortografía
- Determinados temblores
- Surcos y marcas en el papel sin tinta (Figura 13)

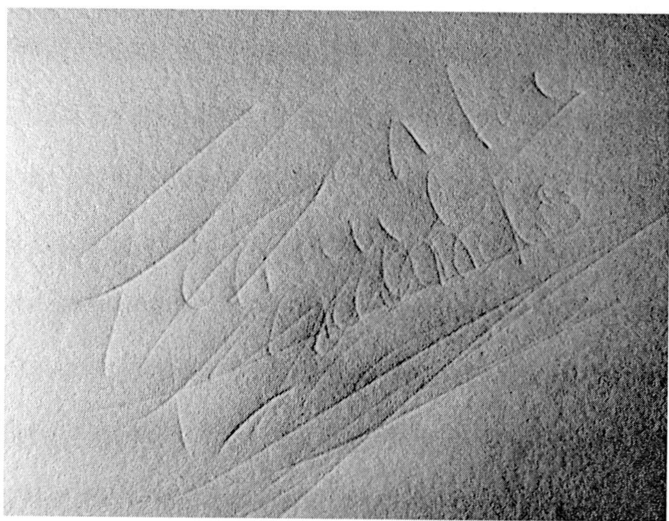

Figura 13. Surco latente, se puede producir al calcarse la escritura en hojas de papel que estuvieron superpuestas En este caso se aprecian las huellas de los ensayos de firmas realizadas por el falsario sobre el reverso de un documento.

10. *Las funciones del perito calígrafo*

El profesional cualificado e imprescindible para discernir la autenticidad o falsedad de un documento es el perito calígrafo judicial experto en grafística, documentoscopia, con conocimientos de grafología, en determinados casos le será de gran utilidad la lingüística forense aplicada a la criminalística documental.

Las funciones más demandadas a los peritos calígrafos podemos resumirlas:

- Determinar la autenticidad, falsedad o adulteración de documentos y firmas
- Determinar el útil, instrumento o máquina, empleado
- Verificar copias, manipulaciones informáticas en archivos pdf, escaneados, etc.
- Determinar el autor/a
- Intervenir en el procedimiento judicial asesorando al juzgador y al resto de operadores jurídicos.
- Colaboración activa y presencial en la formación de cuerpos de escritura, en todos los ámbitos.

El perito es por definición una persona experta con conocimientos especializados, en concreto el calígrafo se encarga de analizar, comparar y autenticar la autoría de escritos realizados por cualquier sistema de impresión y/o firmas, cotejando los documentos INDUBITADOS con los DUBITADOS.

Los peritos calígrafos, como auxiliares de la justicia que son, asesoran al Tribunal y asisten a las partes anteponiendo la objetividad e imparcialidad en sus dictámenes. Son indispensables al resto de operadores jurídicos, en especial a los juzgadores para ilustrarlos con el fin de que se formen una correcta opinión de los hechos científicamente probados, que les ayuden a redactar y dictar sentencias justificadas.

La LEC enumera los medios de prueba que pueden hacerse valer en juicio, entre los cuales se encuentra el dictamen de peritos o prueba de peritos, cuya regulación se encuentra fundamentalmente regulada en los Art. 335 a 352.

LEC Art.335.1 *"Cuando sean necesarios conocimientos científicos, artísticos, técnicos o prácticos para valorar hechos o circunstancias relevantes en el asunto o adquirir certeza sobre ellos, las partes podrán aportar al proceso el dictamen de peritos que posean los conocimientos correspondientes o solicitar, en los casos previstos en esta ley, que se emita dictamen por perito designado por el tribunal".*

Es decir, los peritos pueden actuar nombrados por las partes interesadas en el procedimiento o designados judicialmente. Estos deberán apartarse del procedimiento para el que fueron nombrados cuando concurran circunstancias o causas establecidas de abstención y recusación, que pudieran afectar a su imparcialidad, recogidas en los Arts. 100, 101 y 124 al 128 LEC y Art. 219 LOPJ

El perito calígrafo nombrado por la parte es imprescindible para elaborar informes en diversos procedimientos de tipo judicial como extrajudicial, por ejemplo:

- Procedimientos de reclamaciones de cantidades, monitorios, finiquitos, recibos, reconocimientos de deuda, etc.
- Procedimientos de separaciones y divorcios, etc.
- Procedimientos penales, anónimos, amenazas, injurias, calumnias, etc.
- En protocolos notariales, escrituras, testamentos ológrafos, contratos, etc.
- En determinados procedimientos es necesario adjuntar documentos y firmas que se encuentran en protocolos notariales, realizando cuerpos de escritura al peritado con la presencia del perito de parte y del notario que dará fe.

10.1. FUNCIONES DE LA PERICIA CALIGRÁFICA

10.1.1. Comparación de escritos:

Identificar al autor de una escritura normal

Identificar al autor de una escritura alterada o disfrazada (auto-falsificación)

Estudio de escrituras de enfermos (escrituras desorganizadas y temblorosas)

Estudio de escrituras en paredes (grafitis, pintadas, insultos, amenazas)

10.1.2. Falsificaciones de escrituras:

Determinar la falsedad de manuscritos (Apartado 10.2. sobre testamentos ológrafos)

Determinar los posibles métodos de falsificación empleados

Identificar al autor de un anónimo

10.1.3. Comparaciones de firmas:

Confirmar la autenticidad o falsedad de una firma

Identificar el autor

Abusos de firmas en blanco

Determinar la fecha aproximada de la ejecución de la firma

10.1.4. Fraudes en documentos:

Fraudes mediante borrados de textos

Leer textos borrados

Fraudes mediante agregados de textos

Fraudes mediante modificación de números o letras

Fraudes transposición de papeles

Fraudes mediante injertos de papeles

Leer textos manchados (obliterados)

Identificar el útil de escritura empleado para redactar un documento

Determinar el número de tintas utilizadas en un documento

Determinar la fecha aproximada, antigüedad de tintas

Determinar la composición química de las tintas

Determinar el orden de aparición en los cruces de trazos

Determinar la fecha aproximada de redacción de un documento

Determinar la tipología del papel

Figura 14. Máquina de escribir DM 1933-36 – Stadtmuseum–Berlin

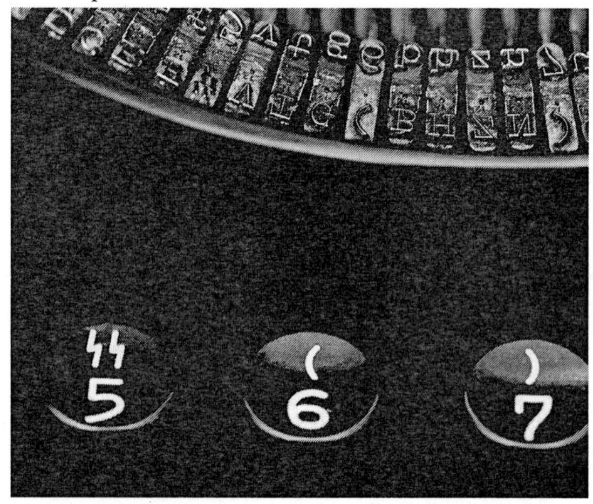

Figura 15. Detalle. El teclado fue diseñado especialmente para la SS

Examen de documentos mecanografiados:

Determinar cuántas máquinas de escribir se utilizaron para la redacción de un documento

Determinar cuántas veces un mecanografiado fue puesto en la máquina de escribir

Identificar la marca/modelo de la máquina con la que se mecanografió un escrito

Determinar si una copia "en papel carbón" proviene del original

Determinar si un texto fue mecanografiado por la máquina cuestionada

Determinar cuál de las máquinas de escribir cuestionadas hizo un texto mecanografiado

Identificar tipo de letra, esfera o margarita se utilizó para mecanografiar un escrito

10.1.5. Exámenes de documentos producidos mediante impresoras:

Determinar el tipo de impresora que produjo un documento

Determinar la superposición de trazos entre la impresión y la firma

10.1.6. Exámenes de documentos no originales:

Establecer si el documento es original o copia

Identificar la fotocopiadora o multifunción utilizada para imprimir un documento

Identificar el tipo de tinta, tóner u otro empleado en la impresión de un documento

Identificar la tecnología utilizada por la impresora para copiar un documento

Determinar si la fotocopia fue hecha o no a partir de un original

Figuras 16 y 17. Sello seco y sello de tinta en documentos del S. XIX en el Archivo Histórico de Almería

10.1.7. Examen de sellos impresos:

Determinar si un sello proviene o no de una determinada matriz o tampón

Determinar el tipo de imprenta utilizada en la impresión de un documento

Identificar el tipo de cliché utilizado para la impresión de un documento

11. La designación del perito: ventajas e inconvenientes de la designación, por la parte o por el juzgado

Partimos de unas premisas fundamentales:

Los peritos son profesionales independientes que, en multitud de procedimientos, sus dictámenes son imprescindibles y decisivos para que el juzgador o el tribunal sentencien con conocimiento de causa. Por tanto, los peritos, de cualquier especialidad, deben ser reconocidos y considerados como expertos auxiliares necesarios al servicio de la Justicia.

La profesión y la formación de Perito Calígrafo en España, como ustedes saben, no están suficientemente regladas. Necesitamos que se escuche a las asociaciones especializadas, se adopten unos programas de formación con unas normas de calidad consensuadas de funcionamiento, que sean de obligatorio cumplimiento en todas las jurisdicciones del Estado.

En ANPEC al tener asociados y Delegaciones en todo el Estado, nos llegan las limitaciones de muchos de los peritos ejercientes.

Ejercen calígrafos con escasa formación, sin motivación, ni interés alguno por actualizar sus conocimientos, incluso algunos presentan en su currículum un extenso listado de dudosos "títulos". Los hay que trabajan con lupa, confeccionan informes con textos pretenciosos e incomprensibles para los profanos, insertan imágenes de escasa nitidez, desproporcionadas e incluso "manipuladas". Hasta se atreven con "esquemas y dibujos supuestamente aclaratorios", confeccionados con programas de presentaciones, que además de no aportar conocimiento alguno, están falseando el informe pericial que presentan creando confusión a los juzgadores. Estas prácticas carentes de rigor científico, pueden inducir a que dicten sentencias erróneas.

En otro extremo se presentan peritos que forman parte de asociaciones serias y responsables, que les respaldan, cumplen los protocolos apropiados en sus actuaciones y aplican normas de calidad rigurosas en su trabajo.

Debe considerar quien les contrata, además de otros méritos que, para permanecer en su asociación, además de contribuir con sus cuotas, la asistencia a encuentros de formación y reciclaje, a las Asambleas anuales e incluso la colaboración en trabajos de investigación científica que exponen y publican. Esos peritos si son dignos de confianza.

La LEC establece diversas formas para el ejercicio y la designación judicial de peritos que aparece contemplada en los Arts. 241, 339, 340, 341 y 342.

La administración de justicia en el conjunto del Estado no se rige por ninguna norma de calidad sistematizada, como ustedes saben. Los juzgados funcionan de muy diversas formas porque las leyes y/o los reglamentos no recogen o se interpretan de diversas formas o no se aplican procedimientos que pudieran ser más adecuados. Es una asignatura pendiente de nuestros representantes en las diversas administraciones del Estado, que no se contemplan en los programas de gobierno.

En la práctica, es a partir de multitud de listados, del año en curso y anteriores además de empresas adjudicatarias contratadas por determinadas autonomías, donde cada Juzgado puede "insacular" a los peritos de designación judicial, ya que cada perito puede figurar en tantos listados como asociaciones a las que pertenece.

Así mismo ocurre que debido a la ambigüedad de la normativa *"se aplica y/o interpreta"* de formas muy dispares en la mayoría de los órganos judiciales del Estado. En justicia gratuita además de las circunstancias citadas, se añade que al ser los honorarios tan exiguos no alcanzan a cubrir los gastos del perito, por lo que en algunos casos no se realiza la prueba pericial y de hacerse no reune la mínima calidad exigible.

¿Esta situación tan confusa, se asemeja a un *"sálvese quien pueda"*?

Este cúmulo de hechos aconsejan a los operadores jurídicos que no pueden jugar la suerte de sus clientes como si fuera a la lotería, cuando se trata de contratar a PERITOS DE PARTE.

Este desorden viene propiciando entre otras cosas:

- Que algunos peritos calígrafos pertenezcan a varias asociaciones. De esta manera se pueden incluir en tantos listados judiciales como asociaciones de las que forman parte. Es decir, juegan con más posibilidades de ser nombrados que otros compañeros que solo figuran en un listado único por demarcación. Esta situación es común al resto de especialidades periciales.
- Que algunas autonomías, para atender las necesidades de periciales de designación judicial, contratan con determinadas *"empresas agraciadas"* que a su vez hacen de intermediarias subcontratando los peritos, para las diversas especialidades.

Estas prácticas dan lugar a plantearse algunas reflexiones:

- ¿Qué es más efectivo y práctico, designar peritos de la misma demarcación judicial y/o autonómica, si los hubiese o de demarcaciones distantes?
- ¿Puede ser el preludio de una futura privatización de la Justicia?
- ¿Los ciudadanos disponen de mejores servicios periciales de designación judicial con estos procedimientos de nombramiento?
- ¿Podría ser considerado un motivo de indefensión y desamparo, que no se aplique en la práctica un criterio definido para la elección de los peritos de designación judicial?
- ¿Se vulnera el Art. 24 de la Constitución?

Afortunadamente existen Decanatos en algunas CCAA y provincias que, conscientes de la deficiente regulación legal y la puesta en práctica poco afortunada, se toman interés en pro de la justicia y se esfuerzan en confeccionar una sola lista de peritos por cada especialidad, que se renueva a principios de cada año, de la que se servirán los Órganos Judiciales de su demarcación. Así de esta forma se propicia la igualdad de oportunidades de trabajo para todos los peritos que se han ofrecido a través de su Asociación o Colegio Profesional.

En Andalucía, el Decanato de los Juzgados de Málaga Capital y de la Ciudad Autónoma de Ceuta, que son un ejemplo a seguir. Cuando se envía el listado de los peritos que solicitan la inclusión a través de su asociación o colegio profesional para ese año, ellos confeccionan un listado único por cada especialidad pericial. La transparencia de su gestión es digna de elogio al comunicar cuando se realiza el sorteo público, la letra a partir de la cual, se contactará con los peritos de las diversas especialidades, conforme los soliciten los juzgados de su demarcación.

Como delegado para Andalucía, Ceuta y Melilla de la Asociación Nacional de Expertos en Grafística y Documentoscopia (www.anpec.es), me satisface felicitar públicamente a sendos Decanatos y al equipo de funcionarios e informáticos por su labor, que sin ninguna duda repercute favorablemente en la eficacia social de la justicia. **En realidad, este procedimiento es el que recoge la Ley, sin la suficiente concreción. La cuestión que nos planteamos es por qué otros Decanatos no siguen el ejemplo de Málaga capital y Ceuta que sí aplican el protocolo correcto.**

11.1. INTERVENCIÓN DEL CALÍGRAFO EN LA ADVERACIÓN Y PROTOCOLIZACIÓN DE TESTAMENTOS OLÓGRAFOS

Se pueden distinguir dos tipos principales de testamentos:

- Los comunes engloban el testamento abierto, el cerrado y el ológrafo.

  El Testamento abierto es el más seguro y eficaz, lo redacta el notario conforme a la voluntad del testador por tanto es válido, al reunir los requisitos legales necesarios.

  El testamento es cerrado cuando el otorgante declara que su última voluntad se encuentra en el "pliego" que entrega al notario.

- Los especiales engloban el testamento militar, el marítimo y el realizado en un país extranjero.

Se presentan dos situaciones especiales para hacer testamento abierto sin la presencia de un notario:

- Cuando el testador se encuentra en peligro inminente de muerte, por enfermedad o accidente grave, situación de catástrofe, etc. Puede realizarse el testamento en presencia de 5 testigos.
- En peligro de epidemia, en este caso será suficiente la presencia de 3 testigos mayores de 18 años.

El testamento ológrafo aparece regulado en el Art. 688 del CC.

Desglose de los requisitos y el procedimiento a seguir:

- Solo podrá otorgarse por personas mayores de edad.
- Ha de ser manuscrito, en su totalidad por el testador indicando lugar, día, mes, año y conteniendo al final su firma.
- Si contuviese tachaduras, enmiendas o texto entre renglones, las salvará el testador bajo su firma.
- Los extranjeros pueden otorgar testamento ológrafo en su propio idioma.
- Si no cumple los requisitos exigidos en el Art. 688 CC el testamento sería nulo.
- Acreditado el fallecimiento del testador, el notario procederá a su averación conforme a la legislación notarial, para esto se valdrá de la intervención de un mínimo de 3 testigos y/o la realización por un perito calígrafo de una prueba pericial caligráfica con el informe correspondiente, esto ofrece la mayor garantía de imparcialidad al notario.

- Para validar un testamento ológrafo deberá protocolizarse ante un notario en los cinco años después del fallecimiento del testador, en Cataluña son cuatro años. Arts. 689, 691, 692 y 693 CC
- Para que surta efectos el testamento ha de ser elevado a escritura pública, ya que hasta ese momento es un documento de carácter privado.

NOTA IMPORTANTE:

Autorizada o no la protocolización, los interesados disconformes, podrán ejercer sus derechos ante el juzgado, donde sería necesario contar con los servicios de un perito calígrafo. Serían de valoración judicial a este respecto los Arts. 334, 346, 347, 348, 350 y 351 de la LEC

11.2. VENTAJAS DE LA DESIGNACIÓN POR LA PARTE INTERESADA

- Se puede elegir libremente al perito calígrafo, en función de las referencias que tengamos de la asociación a la que pertenece, de su competencia, experiencia, conocimientos técnicos y proximidad geográfica. Descartando aquellos que, entre otras cosas, no cuenten para realizar su trabajo con un adecuado laboratorio de criminalística documental, o que no formen parte de una asociación profesional de reconocido prestigio que le respalde y acredite.
- El perito de parte debe orientar con honestidad a los profesionales del derecho y a los clientes. Puede ocurrir que desaconseje interponer una demanda o querella, debido a la imposibilidad de sostener los argumentos jurídicos que plantea el letrado. Esto debe quedar muy claro.
- El perito de parte, además de los documentos que obran en el juzgado, juega con la gran ventaja de poder servirse de los que le facilita la parte que le contrata, proporcionando a su dictamen ser más completo, solvente y creíble.
- El perito de parte ofrecerá presupuesto ajustado al caso, informando al cliente de los costos de la prueba pericial, incluyendo los posibles desplazamientos, visitas al juzgado, toma de cuerpos de escritura, contra-informes, la ratificación en la vista oral, posible careo entre peritos, etc.
- Los honorarios que percibe el perito no deben ser el único factor a tener en cuenta a la hora de contratarlo, sino el currículum y las re-

ferencias que nos puedan facilitar de sus éxitos profesionales. Considerar los honorarios como criterio primordial puede suponer un serio e irreversible problema.

- El letrado y el perito han de formar un equipo que se reunirá tantas veces como sea necesario conforme evolucione el procedimiento, desgranando los aspectos jurídicos y técnicos. El tándem abogado-perito debe conjuntarse como un equipo de trabajo profesional, compacto y coordinado, que asiste con sus conocimientos y experiencia para agilizar el procedimiento. Además, propicia la estrategia a seguir, dará seguridad al abogado, al perito y al cliente que, al menos, en la primera reunión debe estar presente.
- El perito de parte, debe ser puntualmente informado por el letrado, a lo largo del procedimiento, de cualquier actuación judicial que afecte o pueda afectar a sus funciones. Como la aportación de nuevos documentos, realización de cuerpos de escritura o informes de otros peritos y cualquier otro hecho que pueda ser de interés pericial.
- El letrado también solicitará al juzgado la presencia del perito de parte, en el acto de levantamiento de cuerpo de escritura a cualquier peritado relacionado con el procedimiento, para que ofrezca la oportuna asistencia técnica y se le entregue copia del contenido del acto, en la que se mencionará también su asistencia.
- Indicará al letrado que solicite al juzgado, que se le permita tener acceso a archivos pdf, visualizar, fotografiar, escanear y/o fotocopiar los documentos que estime necesarios contenidos en el procedimiento, tanto los DUBITADOS como INDUBITADOS.
- Si los documentos de que se dispone no son originales, es preciso solicitar al Juzgado que los requiera a sus tenedores para adjuntarlos al procedimiento y le sean exhibidos a los peritos.
- El abogado es el responsable de asegurarse que el perito ha entendido claramente los extremos del informe que debe desarrollar y un calendario que culmine con la entrega del informe. Los plazos de entrega que delimita la legislación procesal son a veces muy cortos, lo que implica que en ocasiones habrá que trabajar a destajo, para presentar un dictamen efectivo.
- La demanda o contestación se puede realizar de conformidad con los consejos técnicos y científicos del experto, con la consiguiente rotundidad argumental que ello supone, que redundará en beneficio de nuestro cliente.

- Puede y debe realizar, si fuese necesario, un análisis técnico y crítico sobre el dictamen del resto de los peritos intervinientes, desgranando su valor probatorio.
- **Es preciso tener muy presente que los juzgadores a priori, suelen conceder más valor probatorio a los dictámenes del perito de designación judicial y más si es perito de algún Cuerpo de Seguridad del Estado, debido al hecho de la supuesta imparcialidad, ya que, en principio, al perito judicial no lo conocen ninguna de las partes. De esto se desprende que el dictamen del perito de parte debe ser más completo y exhaustivo con el fin de aportar la máxima credibilidad.**
- El perito de parte, debe ser consciente, que su función es determinante para la estrategia procesal, por ello será necesario describir la metodología aplicada en la elaboración del su informe y la precisa anotación de los hallazgos obtenidos, que puedan ser reproducidos por otros peritos.
- El abogado debe reunirse con el perito de parte, tantas veces como sea necesario. El poder tratar el asunto, desgranando y poniendo en relación los aspectos jurídicos y los técnicos da seguridad al abogado, al perito y por supuesto al cliente.
- Por último, reiterar que el abogado preparará concienzudamente con el perito el acto de la vista oral, pues se trata del colofón, de la escenificación, que debe transmitir credibilidad al tribunal sobre las conclusiones contenidas en el informe. Se trata sin duda del momento procesal decisivo, puesto que será en ese momento cuando se reproduzcan oralmente las pruebas y el juzgador podrá valorar no sólo el contenido, sino la manera de decirlo y exponerlo. El tándem abogado-perito debe conjuntarse como un equipo de trabajo profesional, compacto y coordinado.

11.3. INCONVENIENTES DE LA DESIGNACIÓN POR EL JUZGADO

- Del perito designado por el Juzgado, desconocemos su auténtica formación y el interés que pone en su trabajo. Es una práctica muy habitual "inflar el currículum" con menciones de títulos y cursos de dudosa procedencia. Es probable que no cuente con los medios técnicos apropiados, conocimientos deseables y convenientemente actualizados. En la práctica la experiencia es irregular y con frecuencia decepcionante.

- Es muy frecuente que el perito designado, supuestamente "insaculado", provenga de provincias bastante lejanas. Suele ser un problema que tampoco está recogido en las leyes y que además del costo de desplazamientos, puede influir en la agilización del procedimiento.
- La ratificación por videoconferencia generalmente produce retrasos, dificulta la comunicación verbal y por tanto la ratificación del informe.
- Con cierta frecuencia, algunos peritos, aportan "certificados médicos" para no asistir personalmente a las ratificaciones.
- Es frecuente el envío por el Juzgado de copias a través de correo electrónico o fax al perito de designación judicial para que realice el informe. Esta práctica es un tremendo disparate.
- **En multitud de ocasiones el perito no ha mantenido contacto físico con los documentos originales, se ha limitado a trabajar con copias que, habitualmente no las incluye dentro del informe y si figuran es imposible apreciar los detalles. Esta práctica desvirtúa la validez de su informe. Es imprescindible que el perito tenga acceso al procedimiento, en sede judicial, lo visualice, tome las referencias oportunas sin alterar en absoluto su contenido.**
- El perito de designación judicial, dispone sólo de los documentos indubitados que figuran en el procedimiento, mientras que el perito de parte, puede contar además con los que le proporciona la parte que lo contrata, esto refuerza la calidad y credibilidad de su dictamen.
- **La provisión de fondos y la minuta de honorarios final son imposibles de negociar con el perito, teniendo obligación la parte de asumir su coste con el riesgo de quedarse sin la realización de la prueba en caso contrario según LEC Art. 342.3**
- No es posible mantener entrevistas sobre las circunstancias del caso con el perito. Se presenta sin un asesoramiento ni orientación previa, con el riesgo que ello supone para los intereses de nuestro cliente.
- El dictamen puede que no sea favorable a los intereses de nuestro cliente, por tanto, su demanda no prospera.
- La ratificación en la Sala de Vistas no es comparable, de forma presencial que por videoconferencia ya que resultan muy dificultosas las exposiciones, las críticas y los careos.
- Estas circunstancias repercuten en la calidad del informe, en numerosos casos ni utiliza los documentos originales y en el caso de toma de cuerpos de escritura a los peritados no suele estar presente.

Recordar que la ley no recoge la IMPRESCINDIBLE y NECESARIA presencia del perito en el citado acto del levantamiento de cuerpo de escritura.

- En definitiva, el cúmulo de circunstancias expuestas, contribuyen a dificultar y dilatar el procedimiento, con la consiguiente sensación de indefensión y el desgaste anímico que provoca a nuestro cliente.

12. Sugerencias para asegurarse una prueba pericial efectiva

- Lo primero es solicitar a nuestro perito de parte el informe verbal de viabilidad. Partiendo de la documentación disponible y/o que se pueda recabar, el valorará la posibilidad de realizar o no el informe pericial con éxito.
- Con esta forma ética de proceder, no se le crea al solicitante falsas expectativas sobre su caso.
- Por otra parte, se le ahorra al cliente un gasto innecesario, si las conclusiones del informe no fueran favorables a sus intereses.
- En el supuesto de ser viable, el perito de parte, expondrá los pasos a seguir desde el punto de vista técnico, contando siempre con el planteamiento jurídico del letrado y asesorará sobre los temas concretos a peritar. Supongamos que en un procedimiento se cuestiona un documento porque el cliente niega haberlo firmado en los términos que figuran. El perito a la vista de los documentos a peritar facilitará el presupuesto, la forma de pago y el plan de actuación.
- Se le encarga al perito de parte la pericial caligráfica.
- Si el perito de parte fruto de su investigación, detecta algún hallazgo que no estaba contemplada en el presupuesto inicial ha de comunicarla para incluirla en su informe.
- En este punto es importante manifestar que un informe pericial bien argumentado mostrando las evidencias halladas, va a propiciar un acuerdo satisfactorio entre las partes en litigio, disuadiéndolas de entrar en un pleito, de consecuencias generalmente inciertas y costosas para las partes, que además se suele prolongar en el tiempo, con el consiguiente desgaste emocional que conlleva. *"Más vale un mal arreglo que un buen pleito"*
- No todos los peritos son iguales. En España hay asociaciones y centros de formación, que montan "chiringuitos con amiguetes", que ofertan cursos, sin clases presenciales y sin prácticas judiciales ni de laboratorio por lo que la calidad de la enseñanza que imparten es muy deficiente. Conviene comprobar si el perito puede acreditar su valía profesional, a qué asociación pertenece, si está actualizado, si asiste a cursos de especialización, si publica artículos e incluso si ha sido ponente, conferenciante, etc.
- El letrado que propone una prueba pericial debe mantener una estrecha relación con el perito de parte, de cara a conseguir el éxito esperado.

- El buen perito es aquel que es capaz de sugerir al abogado una estrategia concreta a seguir cuando el caso se fundamenta en aspectos eminentemente técnicos. Como indicarle que solicite documentos al cliente, que esté presente para visualizar, fotografiar y/o fotocopiar los documentos originales de interés pericial contenidos en la causa, si fuera preciso proponer, presenciar y orientar la toma de cuerpos de escrituras de forma adecuada al asunto, etc.

13. No todo se puede determinar

Nuestro trabajo, siendo científico y sustentado con medios técnicos, tiene limitaciones, p. ej.:

- Se dan casos en que el perito desaconseje interponer una demanda o querella, al no poder sostener el argumento jurídico que pretende plantear el abogado con los posibles razonamientos periciales, es decir no es factible realizar informe alguno.
- Casos de determinación de firmas o textos manuscritos, de personas difuntas en que no se dispone de muestras INDUBITADAS coetáneas con el documento DUBITADO, por tanto, no es posible llegar a conclusiones acertadas.
- Si nos encontramos con un documento sin fecha, la datación es un problema que en principio sería muy complejo de resolver. Si está firmado y se dispone de un cierto número de textos y/o firmas en documentos datados, tal vez se pueda llegar a una aproximación.
- El papel experimenta una degradación natural a lo largo del tiempo, influenciado por diversos parámetros de calidad y ambientales; según el tipo de papel, las variaciones de temperatura, luz, humedad, etc. De tal forma que un mismo material se degrada de muy diferente forma según el ambiente donde se encuentre.
- La tinta también se degrada y no es determinable la antigüedad ni la fecha en que se imprimió, aunque sí podemos diferenciar si se utilizaron diversos útiles de escritura y si las tintas empleadas eran similares o no.
- También se podría enumerar en qué orden se ejecutaron determinados trazos superpuestos entre sí, pero no las fechas en se confeccionaron.
- **Cuando solo disponemos de muestras escaneadas, archivos pdf y/o fotocopiadas, siempre tenemos que cuestionar su autenticidad, ya que nadie nos garantiza que sean fiel copia de un original. Es decir, pudieron ser fruto de un montaje que dio como resultado un supuesto "documento" que nunca existió.**

14. La imparcialidad de los peritos calígrafos: derechos, obligaciones y responsabilidad

La independencia y objetividad del perito es consustancial a su trabajo, ya sea nombrado de parte o por el juzgado.

- El informe pericial es técnico y científico, nunca jurídico.
- Los conceptos legales son competencia de los operadores jurídicos, juzgador, fiscal, letrados, procuradores, etc. El perito jamás debe inmiscuirse en términos fuera de su especialidad, si bien es cierto que debe conocer los aspectos legales que conciernen a su labor.
- El perito debe dominar su ciencia como la mejor garantía de la fiabilidad de sus conclusiones, por eso se requieren sus servicios.
- El perito describirá sus observaciones empleando un lenguaje apropiado de forma que, los no entendidos en la materia, puedan comprender todo su contenido.
- Las imágenes y gráficos son imprescindibles para entender el informe y apreciar detalles que de otra forma sería confuso de explicar, *"Una imagen vale más que mil palabras"*.
- Las imágenes en ningún caso pueden ser sometidas a tratamientos informáticos que cambien, modifiquen colores, formas que alteren proporciones, distorsionando la realidad, que confundiría al juzgador. Esto desacredita e incluso invalida el trabajo del perito al que se le podrían exigir responsabilidades.
- Solo se puede permitir la disminución o el aumento, siempre proporcional, a modo de zoom de las imágenes, con el fin de hacer más comprensibles los detalles, pudiendo incluir un testigo métrico.
- Es necesario incorporar en el anexo del informe bibliografía, que contenga doctrina pericial referente al caso, con el fin de ilustrar al juzgador y de avalar la credibilidad de los contenidos científicos y técnicos que apoyan el dictamen y aún más cuando el perito actúa de parte.

Los juzgadores generalmente citan en sus sentencias las conclusiones de los peritos, tanto si fueron designados por las partes o por el Tribunal. Pueden ser destacables en la sentencia:

- La cualificación profesional del perito, y su especialización en la materia específica del informe realizado.

- La investigación de documentos coetáneos, es decir de fechas próximas anteriores y posteriores a la producción del documento dubitado, agregará mayor información al juzgador para emitir la sentencia.
- Que la metodología aplicada sea adecuada y coherente con la exposición del perito manifestada, tanto en su informe escrito como en la vista oral.
- Que el dictamen se base siempre sobre hechos suficientemente probados y correctamente argumentados. Poniendo de manifiesto tanto los factores que benefician como los que perjudican a las partes del litigio.
- La aplicación de los protocolos de calidad citados, sin ser obligatorios en España, unidos a la claridad y rotundidad de las conclusiones refrendan la fiabilidad y credibilidad del informe.
    - Lo anteriormente expuesto sumaría su contenido con el resultado de otras posibles pruebas practicadas en el procedimiento.

14.1. DERECHOS DE LOS PERITOS

- Derecho a ser informado en detalle de la pericia a realizar.
- Derecho a solicitar el pago total por adelantado, cuando es designado por el juzgado.
- Derecho a obtener del órgano judicial los medios materiales necesarios para practicar las diligencias que se le soliciten. Visionado y copias de los documentos obrantes, etc.

Cuando ha sido designado por el juzgado debe aceptar el nombramiento, salvo que alegue causa justa, Arts. 342, 346 y 347 LEC.

Salvo que la/s parte/s proponente/s de la prueba pericial se les reconociera el derecho de justicia gratuita, habrán de aportar la provisión de fondos autorizada por el tribunal. De no aportarse en el plazo de cinco días desde la resolución del tribunal, quedará el perito eximido de su dictamen, sin que se pueda designar nuevo perito, Art. 342 LEC.

El abono de honorarios al perito se repartirá por iguales entre los litigantes, sin perjuicio de las posibles costas, según Art. 339 LEC.

14.2. OBLIGACIONES DE LOS PERITOS CALÍGRAFOS

- Comparecer en el juzgado cuando se le requiera.
- Juramento o promesa del cargo, con obligación de investigar y declarar verdad, Arts. 458 al 460 CP.
- Comparecer a la toma de cuerpo de escritura si fuere necesario y a la vista oral cuando así se le requiera.
- Se le puede apercibir de la no comparecencia según Art. 292 LEC.
- Realizar la entrega del informe dentro del plazo que le sea señalado.
- Comunicar posibles cambios de domicilio.

14.3. RESPONSABILIDAD DE LOS PERITOS

14.3.1. Responsabilidad ética

- Están sujetos a responsabilidades disciplinarias recogidas en los estatutos de su asociación o institución en la que estén inscritos.
- Debe estar cualificado y esforzarse en actualizar su formación continuamente.
- Ser consciente que un error en su dictamen puede ser determinante al dictar una sentencia, que puede causar graves perjuicios, de forma irreparable a personas inocentes.

14.3.2. Responsabilidad civil

- Se considera un arrendamiento de servicios.
- Se pueden invocar los Arts. 1101 y 1902 CC.
- Es muy conveniente estar a cubierto con un seguro de R.C.

14.3.3. Responsabilidad penal

La responsabilidad penal definida fundamentalmente como:

- Falso testimonio
- Deslealtad profesional
- Desobediencia a la autoridad judicial
- Obstrucción a la justicia

Delitos tipificados en el C.P. Arts. 458, 459 y 460

15. Documentos necesarios para realizar un informe pericial grafotécnico

Según el Art. 26 CP *"Se considera documento todo soporte material que exprese o incorpore datos, hechos o narraciones con eficacia probatoria o cualquier otro tipo de relevancia jurídica"*.

En el ámbito pericial documento es todo objeto cuyas cualidades físicas o contenidos sean susceptibles de analizarse, con diferentes métodos, para llegar a establecer su autenticidad, su autoría, su estado o su origen.

Esta última definición incluye posibles contenidos en el documento, que no fueron plasmados con voluntad de comunicación, como son huellas dactilares, restos de fluidos, manchas, marcas de grapas o clips, dobleces, arrugas, olores, residuos y gérmenes.

La Organización Internacional de Policía Criminal (INTERPOL), define la documentología como "*el conjunto de procedimientos científicos y técnicos aplicados a la investigación del documento con el fin de demostrar su naturaleza, origen, autoría, medios materiales con que se compuso, etc*".

La investigación del calígrafo determinará entre otras cuestiones, si el documento cuestionado ha sufrido manipulación, cuál es su procedencia, su autor o donde ha estado almacenado. Por consiguiente, para cada cuestión se han de realizar los estudios de criminalística documental que sean precisos.

Todo documento se compone de dos partes:

- El continente es el soporte material, generalmente papel, discos externos, memoria flash, CD, etc.
- El contenido propiamente dicho, incluido en el soporte, como son textos, cifras, sellos, dibujos, fotos, gráficos, firmas, etc.

Para poder realizar un INFORME PERICIAL se necesita al menos, un documento cuya autenticidad se ponga en duda o se niegue por la parte a quien perjudique, LEC Art. 349.1, se le denomina "DOCUMENTO DUBITADO" y como mínimo otro documento que sea válido, como muestra para el cotejo "DOCUMENTO INDUBITADO".

15.1. VALOR PROBATORIO DE DOCUMENTOS REPRODUCIDOS: FOTOCOPIAS, FOTOS, ESCANEADOS, ETC.

Una de las cuestiones de la práctica pericial es el valor que se le otorga a las muestras escaneadas, pdf o fotocopiadas incluidas en un procedimiento judicial. El perito cuando realiza su informe, hará constar las dudas que se le plantean sobre la autenticidad de utilizar copias y las limitaciones que ello supone para el procedimiento.

Según la Jurisprudencia del Tribunal Supremo, se niega la eficacia de las fotocopias a efectos documentales, salvo que estén respaldadas por documentos originales. Esto es aplicable tanto a los documentos DUBITADOS como a los INDUBITADOS.

De hecho, en principio, la fotocopia compulsada, autenticada por organismo oficial, tiene un valor documental idéntico al documento original. Un informe pericial caligráfico realizado con reproducciones de documentos cuestionados como los enviados a través de LEXNET es una temeridad, ya que no se puede distinguir su autenticidad y puede ser un fraude.

A este respecto conviene recordar el Art. 334 LEC Valor probatorio de las copias reprográficas y cotejo:

1. Si la parte a quien perjudique el documento presentado por copia reprográfica impugnare la exactitud de la reproducción, se cotejará con el original, si fuere posible y no siendo así, se determinará su valor probatorio según las reglas de la sana crítica, teniendo en cuenta el resultado de las demás pruebas.

2. Lo dispuesto en el apartado anterior de este artículo también será de aplicación a los dibujos, fotografías, pinturas, croquis, planos, mapas y documentos semejantes.

3. El cotejo a que el presente artículo se refiere se verificará por el Letrado de la Administración de Justicia salvo el derecho de las partes a proponer prueba pericial.

Existen multitud de dispositivos de digitalización e impresión que ofrecen excelente calidad en sus procesos, presentando resultados óptimos. Un gran número de personas están capacitadas para crear composiciones y montajes por medios informáticos que, de usarse de forma fraudulenta, pueden dar lugar a falsificaciones, muy difíciles de detectar por el profano, cuando se presentan como “documentos” escaneados y/o fotocopiados.

15.2. NINGUNA COPIA PUEDE SUSTITUIR A UN DOCUMENTO ORIGINAL

En caso de verse en la necesidad de realizar un cotejo pericial partiendo de una fotocopia, se ha de dejar constancia en el informe de las limitaciones que supone un cotejo en tales condiciones y por supuesto, los resultados obtenidos nunca podrán ser categóricos ni concluyentes.

Al realizar un análisis sobre fotocopias, fotografías o archivos digitalizados, generalmente pdf, algunos elementos fundamentales como la presión ejercida en el papel, detalles de la impresión, discriminación de tintas, cruces de trazos, posibles añadidos, modificados o borrados no quedan plasmados por lo que no es posible identificarlos.

Es importante reseñar que con bastante frecuencia el perito no ha podido disponer de parte o de todos los documentos originales, por causas ajenas a su voluntad. Este supuesto generalmente ocurre cuando el informe se presenta con la demanda o en la contestación. En estos casos, deberá realizar el informe haciendo constar en el título que es "INFORME PRELIMINAR", con la indicación de completarlo cuando tenga acceso a cotejar los documentos originales.

Mediante escrito dirigido al Juzgado por el procurador o el letrado, se hará constar la necesidad imprescindible de que sean aportados los originales, para incluirlos en el procedimiento y este a su vez ordenará a la contraparte y/o al organismo que corresponda que los aporte, para que puedan ser examinados por los peritos personados en la causa.

Es frecuente cuando se requiere a organismos oficiales que aporten documentos originales, ellos contestan al juzgado enviando copias compulsadas. En principio tienen similar valor pericial, no obstante, es el perito el que debe determinar si le es preciso consultar los originales.

Aun cuando el experto, pueda utilizar medios fácilmente transportables, lupa, sistemas de visualización multi-espectral, cámara fotográfica, etc., visionará los documentos en los juzgados en unas condiciones precarias. Se precisa para el estudio y la investigación de unas instalaciones debidamente iluminadas, que favorezcan la concentración y disponer de un tiempo que en tales circunstancias no es posible.

La importancia que tiene para el perito el poder trasladar las muestras originales al laboratorio radica fundamentalmente en que éste pueda disponer de las mismas las veces que considere oportuno conforme avanza en su investigación y más aún si son numerosas y/o ejecutadas por diversos autores.

15.3. REQUISITOS DE LOS DOCUMENTOS INDUBITADOS PARA EL COTEJO

15.3.1. Que sean auténticos

La ley admite como indubitados aquellos que haya reconocido la parte a la que pudiera perjudicar. Sinónimo de INDUBITADOS o incuestionables, son los documentos de contenido y procedencia reconocida.

Escritos fechados con anterioridad o posteridad, no realizados con fines de estudio, con el fin de evitar deformaciones voluntarias, que se pueden producir al tomar cuerpos de escritura a peritados sospechosos, conscientes que así eluden ser identificados.

Ofrecen las mayores garantías los emitidos o compulsados por organismos públicos y cuyos contenidos acreditan la personalidad del sujeto peritado.

15.3.2. Que sean originales

Como se ha citado, las fotocopias, escaneados, copias al carbón, papel autocopiativo y fotografías, dependiendo de su calidad y nitidez, son adecuados generalmente para realizar estudios e informes preliminares, cuando no se dispone de los documentos originales.

Una firma o texto original siempre va a facilitar la investigación en la medida en que no nos vamos a ver limitados a la hora de estudiar, entre otros, uno de los aspectos más importantes en un cotejo pericial como es la presión, entendiendo ésta como la mayor o menor fuerza que se ejerce cuando el útil escritural entra en contacto con el papel. Las diferencias de entintamiento son otro parámetro que es de gran ayuda para la identificación del autor/a.

Si por alguna razón no existen o no aparecen, se especificará en el informe, adjuntando las copias disponibles.

15.3.3. En cantidad suficiente

En principio cuantos más mejor. Las cualidades gráficas del escritor son determinantes, el nivel de destreza, el grado de variación, facilitan el cotejo, la naturaleza del contenido también determina el número necesario de muestras. Por ejemplo, la cantidad necesaria para establecer la autoría de un grafiti, o de un anónimo será mayor que para identificar una máquina de escribir o un sello de caucho.

15.3.4. Las muestras deben ser coetáneas

Los documentos de fechas próximas, antes y/o después de la supuesta fecha del documento cuestionado, ya que con el transcurso del tiempo las personas vamos modificando nuestra escritura y firma, debido a diversos factores de tipo transitorio o permanente, físico y/o anímico, está demostrado que la edad y diversas dolencias influyen en la motricidad escritural.

Los manuscritos realizados en fechas próximas a la supuesta fecha del documento cuestionado, van a permitir cotejar y evaluar, las posibles variables del gesto gráfico de la persona peritada, obteniendo de esta forma los elementos adecuados para emitir un dictamen riguroso. Es aplicable similar criterio a los escritos realizados mediante impresión mecánica, por los desgastes de uso.

15.3.5. Realizados en similares condiciones

- En formatos semejantes, sean albaranes, letras de cambio, pagarés, etc.
- De igual tipo de letra que los textos cuestionados, es decir, el cotejo siempre será mayúsculas con mayúsculas, minúsculas con minúsculas, números con números, firmas con firmas, etc.
- Un papel pautado o cuadriculado induce al escribiente ajustarse a las líneas, modificando y no manifestando la tendencia natural de su escritura. Si se analiza una firma recogida en un recuadro de un determinado tamaño, debe cotejarse preferiblemente con otras realizadas en idéntico formato
- Papeles más satinados o más rugosos provocan variaciones en los trazados.
- Así mismo el soporte de apoyo es un condicionante del resultado, si es liso o rugoso, si está en movimiento, apoyado en una pared, etc.

- Según el útil de escritura que se emplee, algunos factores gráficos se ven alterados. Son apreciables las diferencias al escribir con útil de tinta líquida respecto a utilizar un bolígrafo de tinta grasa, rotulador grueso, lápiz, etc.
- La situación física y anímica en que se desarrolla la escritura es determinante en el resultado final, por tanto, se deben considerar dichas condiciones.

Los parámetros reseñados serán, especialmente considerados, para la toma de cuerpos de escritura.

15.3.6. Disponer de tiempo suficiente para analizarlas en el laboratorio

La idea generalizada que el perito provisto de una lupa o un cuentahílos es capaz de dar una respuesta instantánea, forma parte del pasado y de la ficción cinematográfica.

Investigar documentos en profundidad requiere generalmente la utilización de medios técnicos que no se trasladan con facilidad. El perito no puede responder a determinados interrogantes, revisando los documentos en el lugar donde se encuentran, como bufetes de abogados, organismos oficiales, sedes judiciales, notarías, etc.

Conforme avanza en la investigación el perito precisa, hacer comprobaciones en repetidas ocasiones, para descubrir o confirmar detalles, que a simple vista no son perceptibles.

15.4. LA ESPONTANEIDAD DE LA ESCRITURA

Mediante el análisis de manuscritos de la persona en diferentes etapas de su vida se puede apreciar su evolución. Las variables que definen la espontaneidad, como cualidad de la escritura natural y auténtica de una persona son diversas.

15.4.1. Manifestaciones de la escritura espontánea:

- La velocidad y la presión son variables
- Trazado decidido que avanza a lo largo del renglón
- Escritura sencilla o simplificada

- Ausencia de temblores, retoques y enmiendas, sin paradas innecesarias
- Barras de la t y signos de puntuación adelantados
- Homogeneidad de las grafías

15.4.2. Manifestaciones de la escritura falseada:

- Lentitud e indecisión, presión uniforme en el trazado
- La baja velocidad indica generalmente falta de naturalidad
- Presencia de retoques, empastamientos y torsiones
- Diferencias vacilantes en las formas de las letras
- Diferencias ostensibles de la calidad en el trazado

16. Tratamiento y cuidados de los documentos

En todo análisis documental se requiere de muestras patrones, INDUBITADAS para efectuar el cotejo con las cuestionadas o DUBITADAS. Las muestras necesitan un cuidado y una atención especial para su manejo y conservación, facilitando así que el perito pueda realizar un estudio técnico y científico con las mayores garantías de calidad e imparcialidad.

Por tanto, los medios técnicos empleados por el perito, jamás modificarán los documentos ni podrán ser destructivos.

El protocolo adecuado es el siguiente:

- Los documentos se le entregarán al perito en las condiciones en que se encuentren, sin alterar absolutamente nada, sin graparlos, ni perforaciones, dobleces, marcas y sin modificar su contenido o superficie.
- Utilizar guantes o pinzas adecuadas para no agregar signos de contaminación ni manipulación por si fuese necesario un análisis dactiloscópico o biológico y especialmente cuando se trata de escritos anónimos.
- Cada documento debe ser preservado por separado, protegiéndolo a ser posible, en una funda de plástico transparente.
- Se anotará en carpeta adjunta enumerada, la información necesaria para identificar su contenido, calificado como DUBITADO o INDUBITADO, descripción, origen, características, estado de conservación, posible autor y cualquier otro detalle de interés pericial.
- Evitar presionar o escribir encima evitando formar marcas de relieve o calco que alterarían el documento.
- Para enumerarlos se debe hacer con papeles adhesivos de notas ejerciendo la mínima presión, en la esquina superior derecha del documento.
- Al depositar en el juzgado los documentos originales, es imprescindible que el perito de parte tome las debidas medidas de seguridad, solicitar copias compulsadas de los originales y anotar los detalles de interés pericial para incluirlos en el informe.
- Cuidados aún más esmerados precisan los manuscritos de difuntos, testamentos ológrafos, los anónimos y las fotografías de grafitis o pintadas.

- El perito al finalizar su cotejo devolverá siempre los documentos a la persona o juzgado que se los confió.

17. Toma de muestras de documentos y escrituras

Existen dos tipos de muestras INDUBITADAS: las informales y las requeridas.

17.1. MUESTRAS INFORMALES

Son espontáneas y naturales, representan la personalidad gráfica del autor, al no existir motivo alguno para distorsionar o disfrazar la auténtica y natural expresión de la individualidad gráfica automatizada de cada persona, al no ser consciente de que podrían ser objeto de análisis posteriormente. Su autor las confeccionó en el curso normal de su trabajo, por asuntos personales o con el ejercicio y disfrute de la escritura.

Debido a la evolución de la escritura y la firma de cada persona, tienen más valor pericial las muestras más próximas, anteriores y/o posteriores, a la fecha atribuida, al documento DUBITADO tales como:

- Cuadernos manuscritos, cartas, agendas, diarios, libretas de apuntes, etc. Cuando existe absoluta certeza de la atribución de autoría de los mismos a dicha persona.
- Declaraciones de renta firmadas
- Diplomas académicos.
- Contratos de trabajo, nóminas
- DNI, pasaporte, permiso de conducir, etc.
- Documentos bancarios de todo tipo como, impresos de apertura de cuentas, órdenes de domiciliaciones, resguardos de ingresos y/o reintegros, contratos de imposiciones a plazo fijo, pólizas de crédito, avales, etc.
- Poderes, conciliaciones, protocolos notariales y corredores de comercio.
- Documentos privados presentados en organismos oficiales, denuncias, instancias, etc.
- Documentos que figuran en otros procedimientos judiciales, declaraciones, etc.
- Documentos similares a los cuestionados, que se elaboraron fuera de la actuación procesal.

- Si fuera preciso examinar firmas del archivo de DNI se solicitarán a través del Juzgado.

Determinados documentos solo los puede solicitar el propio interesado. Los referidos a la contraparte los requerirá el Juzgado a la sociedad, entidad u organismo que proceda. Generalmente no facilitan los originales, sino copias en papel o escaneadas que, deben ser compulsadas, certificadas o testimoniadas y a ser posible en color. En cualquier caso, hay que solicitar que al perito se le permita acceder a los originales, para examinarlos, hacer comprobaciones, facilitarle copias, archivos pdf y permitirle tomar las fotografías que estime oportunas. Se levantará acta de su comparecencia, que el perito mencionará en su informe.

17.2. MUESTRAS REQUERIDAS

Si no se dispone, son insuficientes o inapropiadas las muestras INDUBITADAS para el cotejo requerido, necesariamente se han de tomar cuerpos de escritura a los posibles peritados.

Hay dos formas de tomarlos:

17.2.1. En sede judicial

Se puede realizar a los posibles sospechosos, mediante solicitud de alguna de las partes o por orden del juzgado.

17.2.2. Fuera de sede judicial

En este caso la persona peritada se ofrece voluntariamente, generalmente en notarías, bufetes de abogados, etc. Se realizará siguiendo las instrucciones precisas en cada caso, que indique el perito calígrafo de parte, que posteriormente redactará el informe. No es imprescindible la presencia de testigo/s.

- El o los peritos en caso de designación judicial, generalmente no están presentes en el acto de la toma del cuerpo de escritura, ya que según Art. 350 LEC es *"el juez o el LAJ, quien lo dictará"*. Debido a esta incongruencia de la ley, generalmente no son válidos los cuerpos de escritura cuando ellos los dictan, al no contar con la formación adecuada, con el consiguiente perjuicio y retraso en el desarrollo del procedimiento. Es muy importante que las partes interesadas y los operadores jurídicos lo tengan presente.

- Por tanto, el profesional que debe preparar y dirigir los cuerpos de escritura en función de lo que sea necesario en cada caso, es el perito calígrafo, que previamente realizará un minucioso estudio del documento cuestionado o dubitado, al objeto de planificar, dirigir, orientar y dictar su ejecución a los rasgos más característicos que sean de interés para el cotejo solicitado y a la vez evitar que el peritado falsee su escritura y/o firma.
- Se le indicará al peritado que escriba también con la mano no hábil, siendo imprescindible en identificaciones de anónimos.
- Cuando es designado por el tribunal es necesario solicitar al Juzgado su presencia, así como la del perito de parte para que faciliten las instrucciones precisas para realizarlo, por ser los únicos profesionales cualificados para ello.
- De forma similar se debe proceder con textos mecanográficos tomados directamente de máquina de escribir, impresora, copiadora o impresos, etiquetas, sellos de tampón, etc.
- Casos especiales son las pintadas y los grafitis que es preciso realizarlos en espacios abiertos similares a los que se estudian. Dependiendo del tipo de pintada; si fue hecha con rotulador o similar, será perfectamente válido un cuerpo de escritura hecho en una hoja; debido al principio homotético, (ver homotecia), podrá variar el tamaño de uno u otro, pero proporcionalmente deben ser similares.
- El perito de designación judicial, sólo dispone de los documentos que contiene el procedimiento en el momento del encargo.

17.3. PROTOCOLO A SEGUIR EN LA TOMA DE CUERPOS DE ESCRITURA

17.3.1. Orden JUS/1291/2010, BOE 122 de 19 mayo

Por la que se aprueban las normas para la preparación y remisión de muestras objeto de análisis por el Instituto Nacional de Toxicología y Ciencias Forenses.

Es la única normativa legal vigente que tiene que ver, entre otras cosas, con la recogida de muestras de escritura. No tenemos constancia de su empleo en pericias caligráficas. Se reproducen los artículos relativos a criminalística documental.

A continuación, los artículos que nos afectan:

Art. 48. Estudios criminalísticos. Definición y tipos.

La investigación criminalística tiene como objetivo establecer o descartar mediante procedimientos científicos el cotejo positivo o el descarte del mismo, entre muestras dubitadas, aquellas de las que no tenemos seguridad en cuanto a su procedencia e indubitadas o de referencia.

Los estudios criminalísticos se pueden clasificar en:

1. Estudio de indicios.

2. Estudio de residuos de disparo.

3. Estudio de signos de violencia en las ropas, cuerdas y otros objetos.

4. Estudio de lesiones.

5. Estudios antropológicos y odontológicos forenses.

6. Estudios de documentoscopia y grafística.

Art. 55. Estudios de documentoscopia y grafística.

En los documentos privados u oficiales podemos distinguir dos tipos:

1. Documentos manuscritos.

2. Documentos impresos.

Art. 56. Documentos manuscritos.

1. Documentos dubitados: son siempre originales, nunca fotocopias. Se hará constar la parte del documento objeto del estudio.

2. Documentos indubitados: se consideran documentos indubitados los contemplados en el artículo 350 de la Ley 1/2000, de 7 de enero, de Enjuiciamiento Civil. Deberán proceder tanto de la víctima como de los sospechosos. Se indicará el nombre y edad de la persona a la que corresponden, así como la fecha en la que se han realizado y cualquier otro dato que se considere de interés.

A efectos periciales los documentos indubitados provienen de dos fuentes distintas:

escritos espontáneos y escritos dictados.

a) Escritos espontáneos. Pueden corresponder a diarios, cartas, libros de registro, etc., preferiblemente largos. Deberán enviarse el mayor número posible de textos coetá-

neos con dicho documento y ser lo más semejantes al documento dubitado, tanto en el soporte utilizado, como en el instrumento empleado.

b) Escritos dictados. Se dictará el texto de autos, ocultando el original y otro texto en el que entren las palabras, frases o cifras del escrito dubitado, pero en distinta composición. Se realizarán con los mismos materiales que los del texto dubitado tales como papel de igual calidad y tamaño, mismo tipo de útil de escribir, etc.

Se indicará el tipo de letra a utilizar: Mayúsculas, minúsculas, tipográfica o caligráfica. No se harán indicaciones sobre la ortografía o sobre los signos de puntuación.

La velocidad en cada dictado irá incrementándose. Al principio debe ser lenta dando tiempo al sujeto para escribir todo el texto, repitiéndolo si hiciera falta; al final el sujeto no debe tener tiempo para escribir todo el texto, que además no será repetido.

El texto dictado será realizado al menos 10 veces.

Tras cada dictado, debe retirarse el papel y esperar al menos cinco minutos antes de comenzar uno nuevo.

Si se sospecha que la persona es zurda se obtendrá el cuerpo de escritura tanto con la mano derecha como con la izquierda.

Art. 57. Investigación de firmas.

1. Si el documento dubitado presenta varias firmas, se especificará cuáles son las firmas dubitadas y a qué persona/s supuestamente se le ha podido falsificar y/o manipular.

a) En primer lugar se procederá a la demostración de la autenticidad de la firma dubitada, para ello, se recogerán y enviarán el mayor número de firmas indubitadas de la víctima y firmas indubitadas espontáneas del sospechoso, como las del DNI, pasaporte, etc. En ambos casos y a ser posible coetáneas a la firma que se investiga.

b) Se obtendrá un cuerpo de escritura del sospechoso, que firmará en hojas en blanco, diez veces seguidas. A continuación, tras una pausa de unos minutos, en otro papel diferente se le dictará un pequeño texto, 50 palabras, en el que aparezcan las letras de la firma dubitada, seguido de otras diez firmas.

2. Si se tratará de un talón o documento mercantil, deben obtenerse las firmas sobre copias de documentos semejantes, que previamente debe rellenar el propio firmante. El número mínimo de estos documentos será de diez.

3. En el caso de que se sospechara una imitación, se le indicará al sospechoso que rellene y firme los documentos con el nombre de la víctima. Nunca se mostrará la firma dubitada.

4. Se preguntará, tanto a la víctima, como al sospechoso, si poseen distintos tipos de firmas, de ser así realizarán un cuerpo de escritura de todas ellas, en las mismas condiciones antes mencionadas.

Art. 58. Anónimos.

1. Anónimo realizado en letras mayúsculas o letras de imprenta:

Se dictará al sospechoso, cinco veces el texto de los anónimos, dictando al principio lentamente, para ir aumentando la velocidad de modo progresivo. Se seguirán las normas establecidas para el dictado.

Se dictará un pequeño texto, 25 palabras, compuesto por palabras del escrito anónimo, que debe así mismo escribirse con mayúsculas o letras de imprenta, según esté realizado el documento dubitado.

Se recogerán, si es posible, escritos indubitados existentes de la misma época de la que datan los anónimos.

2. Anónimo realizado con escritura normal o disfrazada:

Se dictará cinco veces al sospechoso el texto de los anónimos. Se dictará un texto más o menos largo, según el nivel cultural del sospechoso, de aproximadamente 25 palabras.

Se recogerán, si es posible, escritos indubitados existentes de la misma época de la que datan los anónimos.

Art. 59. Documentos impresos.

Se recogerán documentos indubitados realizados por el equipo sospechoso, de fechas anteriores, coetáneas y posteriores a la del documento dubitado.

Se imprimirá con el equipo sospechoso un texto, sello, logotipo, etc. idénticos al que figura en el documento dubitado.

Si el documento dubitado es una fotocopia, se enviarán diez fotocopias realizadas en un folio en blanco, indicando en cada fotocopia la fecha en que se ha realizado.

No se podrán enviar los documentos impresos en bolsas de plástico.

17.3.2. Toma profesional de cuerpos de escritura

La gran mayoría de los cuerpos de escritura, dictados en sedes judiciales, no son técnicamente válidos al no haberse hecho en presencia de perito alguno, ya que los funcionarios y los LAJ, carecen de la formación y criterios necesarios para hacerlo, aunque la ley les otorga esa potestad.

Los legisladores no contemplaron en la redacción de las leyes la adecuada forma de proceder. En este punto es conveniente recordar a los operadores jurídicos, procuradores, abogados, funcionarios, juzgadores y letrados de la administración de justicia, que en la toma de los cuerpos de escritura debe estar presente al menos el perito calígrafo nombrado por la parte solicitante. En los casos que sea por designación judicial, el o los letrados deberían asistir al acto acompañados de sus respectivos peritos de parte. Insisto que estos son los expertos que conocen las técnicas y protocolos para que se realice el acto en las condiciones más idóneas de calidad e imparcialidad.

Así mismo no hay normas para agilizar y facilitar el visionado de los documentos aportados a las causas, volvemos a lo de siempre cada juzgado sigue sus propios criterios, en algunos casos es tedioso acceder a los documentos originales e incluso es complicado fotografiarlos y observarlos en un espacio apropiado, con los medios técnicos necesarios.

El cuerpo de escritura es más idóneo cuanto más cercano en el tiempo sea del documento cuestionado, debido a la evolución de la escritura y la firma de cada persona, con más motivo si padece alguna enfermedad que influya en su escritura. Si por ejemplo se pretende cotejar un documento dubitado fechado hace diez años con un cuerpo de escritura actual, al perito le será de poca o nula utilidad.

Un proceder riguroso a modo de ejemplo:

- En los casos que se efectúa en sede judicial, el funcionario actuante junto con al menos un calígrafo de los propuestos por las partes o nombrado por el Juzgado, deben previamente preparar cómo se va a realizar la prueba y estar presentes para orientar al peritado, en su calidad de expertos auxiliares de la justicia.
- Se le pregunta al peritado cuál es su mano hábil, generalmente será la derecha. Alrededor de un diez por ciento de la población son por naturaleza zurdos, siendo muy escasos los ambidiestros.
- En el encabezado consignar la fecha, lugar donde se realiza, datos personales, DNI, numerar cada hoja, el peritado la firmará al final, nunca en el lateral. Algunos peritos utilizan hojas con su membrete.
- Todos los contenidos manuscritos se harán por una sola cara. Se le indicará al peritado que deje margen izquierdo suficiente, para que al encuadernarlo no se oculte el texto, de forma que se pueda leer sin extraerlo del procedimiento. Esto a su vez permite que el peritado manifieste su impronta personal en el papel. Últimamente he observado en muchos juzgados, para evitar este inconveniente

con el dubitado e indubitados, los guardan introducidos en fundas plásticas, que tienen orificios apropiados para introducirlos así en el procedimiento, por tanto, se mantienen totalmente inalterados.

- Parte del soporte donde se desarrolle la prueba debe ser similar al del documento cuestionado, papel de igual formato, pautado o no y/o cuadrículas de igual tamaño, de modo que el peritado ajuste la medida de los grafismos al mismo espacio del documento cuestionado, con renglones o sin ellos, de calibre y características parecidas en cuanto a su rugosidad, lisura, opacidad y color. Debe apoyarse sobre otras 8 o 10 hojas. De esta forma al manuscribir sobre varias hojas quedarán marcadas las inferiores, que nos revelarán la presión variable que ha ejercido en cada momento de la prueba.
- Se le facilitarán al peritado útiles de escritura, de similares tipologías a los que se emplearon en la confección de los documentos dubitados, de igual calibre, tipo de tinta, color, en caso de lápices con similar grado de dureza.
- La prueba debe desarrollarse en buenas condiciones físicas y psíquicas, evitando sitios ruidosos con buena iluminación, para facilitar al peritado que plasme su escritura de forma espontánea, relajada y natural.
- Conforme completa el peritado cada hoja se le recoge numerándola y apartándosela de la vista.
- Evitarán que el sujeto peritado jamás tenga a la vista, el documento cuestionado, evitando así que copie y falsee sus gestos gráficos.
- Toda la prueba será al dictado, con premura, para obligar a su autor a concentrarse en su elaboración e impedir que tenga tiempo para alterar las grafías, de esta forma se conseguirá que exprese la máxima espontaneidad.

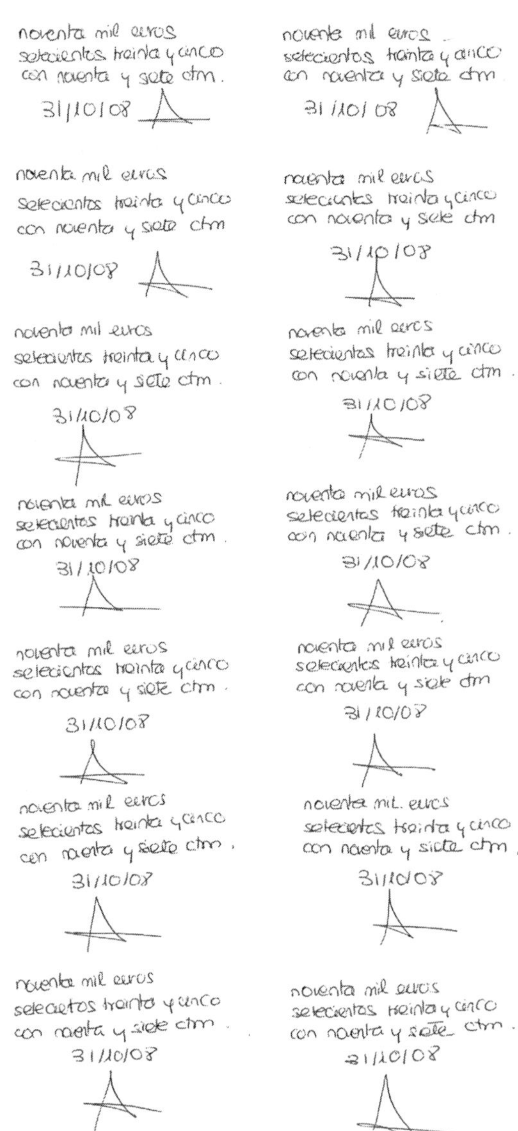

Figura 18. Muestra de una página de cuerpo de escritura de texto y rúbrica

- No se le harán indicaciones ortográficas, ni deletreo de palabras, ni signos de puntuación, con el fin de no influenciarle, con más motivo, si el texto cuestionado contiene faltas ortográficas o deficientes expresiones gramaticales y para propiciar que el peritado se concentre en la elaboración e impedir que tenga tiempo de alterar su auténtica escritura. Este proceder, tiene especial interés cuando además se va a realizar un análisis de lingüística forense.

- Se le solicitará que escriba mayúsculas o minúsculas y/o cifras, en cantidad según convenga, para la identificación del texto dubitado.
- En el caso de cotejar firmas se le pregunta si utiliza más de una firma, rellenará tres hojas completas con cada tipo de firma. También se le pide que escriba con la mano no dominante, si resulta que es ambidiestro, se le solicita que realice otras tres hojas de firmas indicando la mano ejecutante.
- El perito ha de estar muy atento de posibles acciones fraudulentas, especialmente en los casos de cotejo de escritos anónimos.
- El texto que se le dicta contendrá salteadas palabras del dubitado. Dictar el mismo texto palabra por palabra puede ser de gran ayuda, así mismo se deben redactar textos preparados por el perito, en función de determinados rasgos que éste considere de interés para el cotejo.
- También es importante la repetición de caracteres salteados que permitan identificar y confirmar el gesto escritural del peritado, quedarán reflejados posibles indicios de simulación.
- Escribirá el abecedario en mayúsculas y minúsculas varias veces.
- Al finalizar ejecutará la firma o firmas al menos una hoja con la mano hábil. Indicar la población, fecha, edad, sexo, nivel de estudios y por supuesto la firma. En el caso de identificarse con más de una firma las ejecutará y lo hará constar.
- Examinar, fotografiar y/o fotocopiar los documentos que porte el sujeto como DNI, permiso de conducción, pasaporte, firmas en tarjetas bancarias o cualquier otro que lleve su firma y/o que esté aportado al procedimiento.
- Por último, si los hay, solicitar testimonio de documentos que contengan su firma o textos manuscritos en otros procedimientos, en juzgados, notarías, registros oficiales, etc.

En definitiva, hay que recoger abundantes elementos en el cuerpo de escritura, teniendo muy presente, que el cotejo siempre se hará sobre elementos gráficos similares, es decir si es firma con firma, textos con textos similares, números con números, sobres con sobres, cartas con cartas, cheques con cheques, etc. En ningún caso, será válido cotejar firmas con textos o mayúsculas con minúsculas.

17.4. NO SE DEJE ENGAÑAR POR UN FALSIFICADOR DE SU PROPIA LETRA (AUTO-FALSIFICADOR)

La persona peritada, estará interesada en probar su inocencia, si es sospechosa de auto-falsificación procurará esconder su autoría o simplemente le preocupa el dictamen al que el calígrafo pueda llegar fruto del análisis de su escritura y/o firma.

Cuando una persona es requerida para realizar una muestra caligráfica, hay dos factores que van a condicionar la calidad de los resultados:

- Uno es la tensión y el nerviosismo que produce la idea de someterse a un examen y además en dependencias judiciales.
- Por otra parte, la posibilidad de que, se descubriera la modificación fraudulenta de su auténtica escritura y se le atribuya la autoría del texto y/o firma dubitada.

Contra el primer factor, poco se puede hacer, son inevitables los posibles efectos en el ejercicio de la escritura, que se irán desvaneciendo en el transcurso de la prueba.

El segundo condicionante es, evitar la auto-falsificación, es decir que el peritado pueda modificar su auténtica escritura falseándola.

La tensión de la prueba sumada a la intención de falsear la propia escritura, juega a favor del perito conforme se le va dictando el cuerpo de escritura, el esfuerzo necesario para disimular su letra se agota.

Para cansarle, se le dictará un texto extenso, sobre un tema conocido para que se sienta cómodo, con el fin de distraerle del objetivo de la prueba. Otra argucia, consiste en hacer las firmas al principio, rellenando dos hojas por completo, indicándole que deje amplio margen en el lado izquierdo, para su encuadernación. De esta forma conseguimos que el escribiente pierda la tensión del inicio, se acomode al entorno y comience el proceso de agotar la energía necesaria para que no distorsione su propia letra.

A partir de ese momento es cuando el sospechoso estará confiado y manifestará con espontaneidad su escritura personal, que es nuestro objetivo.

Se pueden seguir otras pautas para la realización de un cuerpo de escritura, eso queda a discreción del perito, según el caso, buscando la mejor forma de no dejarse engañar.

Si se respetan estos criterios, es prácticamente imposible que el sujeto oculte o enmascarare su propia escritura, facilitando la misión de los peritos.

18. Métodos científicos empleados en el análisis y cotejo de documentos y escritos cuestionados

La escritura de cada persona es única e irrepetible. El acto de escribir es un fenómeno enormemente complejo, regido por el cerebro e integrado en la psicomotricidad general del sujeto. De la misma forma que una persona anda, habla, ríe y gesticula de un modo peculiar, que nos permite distinguirla de las demás, la escritura está conformada por la personalidad de su autor, por su forma de ser y de manifestarse, por tanto, muestra contenido identificador susceptible de análisis y medición.

El experto empleará los métodos científicos más apropiados a cada caso, con el fin de investigar y extraer conocimientos sobre hechos que sean demostrables, manteniendo una escrupulosa actitud imparcial y objetiva. Es decir, no se aplicará igual método para el análisis de un manuscrito que para un texto realizado con impresión mecánica, etc. El cotejo se realizará, a ser posible, con documentos originales, tanto los dubitados como los indubitados.

18.1. MÉTODO GRAFOSCÓPICO

Se parte del estudio global del escrito, distinguiendo primero el análisis morfológico de conjunto para después entrar en el análisis individualizado. Se definen el soporte y los materiales empleados en la confección de los documentos, el formato, tipo de papel, útiles empleados y elementos complementarios. Es decir, se analiza el continente y el contenido del escrito con los métodos más apropiados a ese caso.

18.2. MÉTODO GRAFONÓMICO, GRAFOANALÍTICO O GRAFOMOTRIZ

Es uno de los métodos más utilizados. Se analiza y estudia la habilidad escritural del sujeto. Vincula la escritura con los cambios temperamentales, psicofísicos y dinámicos de la persona en el espacio y en el tiempo, está inspirado en la grafología. La firma y la rúbrica ocupan un lugar relevante en el análisis, ya que por su espontaneidad gráfica y los cambios evolutivos son lo más difícil de falsificar.

18.3. MÉTODO GRAFOMÉTRICO TENDENCIAL

Es el sistema indicado para firmas ilegibles, rúbricas y las muy simplificadas los denominados vises. Se hacen mediciones se sacan las tendencias y variables que componen los trazos que son objeto de estudio.

18.4. MÉTODO GRAFOMÓRFICO

Estudia la morfología o forma de componer tanto los trazos como las letras de una firma. Los parámetros más destacables del estudio suelen ser tamaño, inclinación, presión, forma, dirección, etc. Este tipo de sistema corresponde a las partes más visibles del trazo que se estudia.

18.5. MÉTODO DE PECULIARIDADES O GESTOS TIPO

Es el conjunto de particularidades escriturales propias de cada persona, pueden ser gráficas o no, visibles y no visibles. Son difíciles de disimular para el titular si se le toma un cuerpo de escritura. Son rasgos que suelen pasar desapercibidos de copiar por el falsario, por consiguiente, son elementos identificativos decisivos para dictaminar la autenticidad o falsedad. Mediante este análisis se pueden observar las partes más inconscientes de la escritura. Son gestos constantes, automáticos y variados.

18.6. MÉTODO DE TRANSPARENCIAS O NEGATOSCÓPICO

Se superponen las muestras objeto de estudio para cotejar las oscilaciones, detalles anexos, como enlaces, recorridos y cuando se sospecha que son exactamente iguales, como escritos con firmas escaneadas, fotocopiadas, calcadas, etc.

18.7. MÉTODO PEPRI (PUESTA EN EVIDENCIA DE LA PRESIÓN POR RADIACIÓN INFRARROJA)

Evidencia la presión ejercida, mediante diversas fuentes de iluminación, luz rasante, infrarroja y/o luces metaméricas con el fin de observar, entre otras cosas, las variaciones de presión en los textos y firmas. Para practicar este método las muestras de estudio tienen que ser exclusivamente originales.

18.8. ANÁLISIS MULTIESPECTRALES DE TINTAS Y SOPORTES

Se basa en la medición de los niveles de absorción y reflexión de determinadas radiaciones visibles y no visibles. Utilizando iluminación coaxial, transmitida y rasante. Permite la discriminación y superposición de tintas por luminiscencia, etc. Se utiliza siempre con documentos originales.

18.9. MÉTODO GRAFOPSICOLÓGICO

Consiste en el estudio y aplicación del conjunto de técnicas grafológicas avanzadas orientadas a una interpretación científica de la personalidad a través de la escritura manuscrita y de manera auxiliar por el garabato y el dibujo. No es aplicable en imitaciones muy perfeccionadas o escrituras calcadas.

18.10. APLICACIÓN DE TÉCNICAS DE LINGÜÍSTICA FORENSE

Es una disciplina reciente, con escasa bibliografía y muy pocos expertos cualificados. Abarca múltiples facetas desde el proceso de identificación de hablantes, análisis de textos y de conducta, etc. Se pueden analizar, entre otros parámetros, la estructura sintáctica, el vocabulario, la ortografía, etc. Da pistas sobre la formación, profesión, zona geográfica, grupo social, sexo, edad, etc., de la persona autora del escrito cuestionado. Por tanto, complementa otras evidencias encontradas.

18.11. MÉTODOS DE ANÁLISIS EN ARCHIVOS PDF

Se investigan y desglosan todos los contenidos junto con los metadatos, con el fin de evaluar los posibles añadidos, su autenticidad, quién y/o cuando, lo realizaron, etc.

18.12. MÉTODO CIENTÍFICO

Ayuda a crear conocimiento objetivo, es clave para el desarrollo de las diferentes ciencias. La investigación nos acerca a la realidad y constituye un estímulo para la actividad intelectual. Es fundamental que los investigadores de cualquier campo conozcan qué es el método científico, ya que nos ayuda a solucionar problemas, comprobar hechos y generar conocimientos válidos.

El uso de esta metodología es vital para la ciencia en general ya que ha facilitado todos los avances que se han dado en cada uno de los campos científicos, los cuales han conformado la sociedad actual. El método científico es una herramienta de investigación que permite generar conocimiento objetivo, al resolver la veracidad o falsedad de un postulado por medio de la aplicación de una serie de etapas o pasos.

Su propósito es convertir una verdad subjetiva en objetiva, gracias a que se prueban y comprueban los hechos con la finalidad de mostrar su existencia real.

El método científico faculta al investigador para que se aproxime a la realidad de forma independiente a sus creencias. Los pasos del método científico únicamente buscan descubrir el funcionamiento del universo o algún hecho concreto, basándose en el estudio y la evidencia disponible.

Características del método científico. Ésta metodología cuenta con algunas particularidades, como ser:

- Refutable: sus hallazgos deben poder rebatirse y modificarse si aparecen nuevas evidencias con el paso del tiempo.
- Reproducible: cualquier persona, en cualquier lugar, podrá obtener los mismos resultados si la prueba se realiza de la misma forma.
- Objetivo: se consagra a los hechos verídicos, sin importar la creencia del investigador.
- Racional: busca una explicación a las cosas y constituye la base de principios y leyes científicas.
- Sistemático: su aplicación tiene un orden y una jerarquía.
- Fáctico: parte siempre de la realidad.

¿Cuáles son los pasos del método científico?

1. Observación

Consiste en encontrar el tema relevante que se quiere observar o comprender y merece ser objeto de investigación para recoger datos de la realidad. En esta parte del proceso, se debe llevar a cabo un examen riguroso y atento de los hechos. Todo lo percibido se recopilará para su posterior estudio.

2. Planteamiento del problema

A partir de los datos recopilados durante la etapa de la observación el investigador planteará la pregunta o cuestión que quiere resolver.

3. Hipótesis

Consiste en realizar una proposición que permita dar respuesta a la cuestión planteada originalmente. Básicamente es una suposición, la cual será aceptada o rechazada en un futuro.

4. Experimentación

En esta etapa se busca demostrar o refutar la hipótesis por medio de uno o varios experimentos, tomando en cuenta los elementos que hay a su disposición. Se trata de simular el fenómeno estudiado de forma específica para ver su evolución.

5. Análisis

Se anotan y analizan todos los datos obtenidos durante la experimentación, con el objetivo de facilitar su comprensión. Para resumir y presentar la información se realizan cálculos, gráficos, resúmenes y/o tablas.

6. Conclusión

Una vez recopilada toda la información de forma comprensible, se expondrán todas las conclusiones y se procederá a redactar la teoría correspondiente y/o exponer la respuesta del problema. Si el resultado del experimento hace que la hipótesis se refute, será necesario elaborar una nueva hipótesis que concuerde con los datos obtenidos.

Esta metodología se emplea en todas las ciencias, ya sea química, biología, física, geología, sociología o psicología, entre otras. Aunque son materias muy diferentes, los investigadores hacen observaciones, plantean un problema, formulan hipótesis, realizan distintas pruebas, analizan los datos y presentan sus conclusiones, respaldadas por la evidencia.

19. La importancia del informe pericial

A los juzgadores no se les puede hacer perder el tiempo. El fruto del análisis y la investigación del perito calígrafo, se han de plasmar en un informe, que debe explicar e ilustrar de forma clara y concreta las evidencias encontradas y los pasos seguidos, de tal forma que lo pueda verificar otro experto.

Es fundamental que el perito, si es posible, elija los documentos INDUBITADOS más adecuados para el cotejo. Su acertada selección facilitará la investigación, de todos los detalles necesarios, para llegar a conclusiones incuestionables.

El perito, tiene obligación de investigar y descubrir todas las evidencias, para cumplir con el encargo que ha asumido. Además, toda su actividad se reflejará en el informe, de forma razonada, con el fin de dar cuenta de ello al Juzgado, a las partes y posteriormente lo ratificará en la vista oral.

Importante recordar que un INFORME PERICIAL GRAFOTÉCNICO con fundamento, de calidad, en multitud de ocasiones disuadirá a las partes en iniciar un litigio, por los riesgos, los costes económicos y emocionales derivados por la incertidumbre, la excesiva prolongación en el tiempo, los posibles recursos que se eternizan, incluso los hechos llegan a prescribir.

19.1. CONTENIDO DEL INFORME PERICIAL: NORMAS DE CALIDAD

El informe pericial es técnico y a la vez científico, nunca jurídico. Los conceptos legales son competencia de los operadores jurídicos; juzgadores, fiscales, letrados, procuradores, etc.

El perito jamás debe inmiscuirse en términos fuera de su especialidad, si bien es cierto que debe conocer los aspectos legales que conciernen a su labor.

Por tal motivo el informe se redactará de manera clara, detallada y concisa, sirviéndose de imágenes generales y en detalle, gráficos, fotografías, bibliografía adaptada al caso e incluso presentaciones digitalizadas, etc., con el fin de argumentar las conclusiones a las que ha llegado para que sean entendidas por el juzgador y por el resto de las partes.

Los protocolos de calidad establecidos por la ACADEMIA INTERNACIONAL DE EXPERTOS EN ESCRITURAS Y DOCUMENTOS (www.aie-ed.eu), la ASOCIACIÓN NACIONAL DE EXPERTOS EN GRAFÍSTICA Y DOCUMENTOSCOPIA (www.anpec.es), son aún más específicas en esta materia, nos guían, aportando orden y claridad en el desarrollo de los contenidos, con el fin de que el informe y el dictamen sean comprensibles a profanos, operadores jurídicos y especialmente a los juzgadores.

En la práctica este puede ser el esquema tipo de un informe pericial grafotécnico con arreglo a las normas de calidad AENOR UNE-EN 16775:*2016 "Requisitos generales para los servicios periciales"* y UNE-EN 197001:2019 *"Criterios generales para la elaboración de informes periciales"*.

- Portada con la identificación de los solicitantes y en su caso Juzgado y procedimiento.
- Índice
- Identificación del perito indicando su formación, relacionada con los conocimientos para llevar a cabo la pericia.
- Descripción del objeto del dictamen, indicando la causa judicial
- Declaración de objetividad del perito
- Referenciar las metodologías de trabajo empleadas.
- Relación de instrumentos empleados en la investigación y cotejo
- Terminologías empleadas
- Descripción, enumeración y reproducción, uno por uno, de los documentos objeto de la pericia, primero los dubitados y después los indubitados, del más antiguo al más reciente.
- Cotejo, concordancias, similitudes y discrepancias, disimilitudes que se han apreciado.
- Enumeración precisa de cada una de las comprobaciones efectuadas y las condiciones en las que se han hecho, adjuntando reproducciones de los detalles de las evidencias encontradas.
- Análisis diferencial entre documentos DUBITADOS e INDUBITADOS
- Conclusiones a ser posible argumentadas de forma irrefutable
- Dictamen debe ser breve, claro y concluyente
- Lugar, fecha, firma del perito con indicación del número de páginas numeradas y selladas.
- Anexos, documentos utilizados, ampliaciones y bibliografía técnica aplicada al caso.

19.2. CONCLUSIONES, DICTAMEN

La experiencia nos reitera que la mirada de los operadores jurídicos generalmente se dirige a este apartado, al ser la culminación y resumen del informe pericial.

Los tribunales, a priori, suelen conceder más valor probatorio a los dictámenes del perito nombrado por el juzgado, por el hecho de la supuesta imparcialidad, ya que, en principio al perito judicial no lo conocen ninguna de las partes.

Cuando el perito actúa de parte, además de dar respuesta a las cuestiones que le han sido planteadas y fruto de la investigación realizada, debería incorporar a las conclusiones los hallazgos adicionales que encuentre, siempre que el letrado lo vea conveniente.

El experto puede llegar a diversas conclusiones:

- No se puede dictaminar el extremo solicitado
- No es posible atribuir la autoría de un manuscrito o firma cuestionados con los documentos indubitados que le han aportado
- Convencimiento pleno de la autoría del objeto de pericia
- Convencimiento pleno de la no autoría del objeto de pericia

En el último supuesto, incluso teniendo algunos indicios identificadores, no serían suficientes para imputar plenamente la autoría de un manuscrito o firma, aunque no se descarta su posible intervención.

La objetividad, imparcialidad e independencia dependerá de la honestidad y profesionalidad del perito, que no tiene porqué ser de dudosa credibilidad cuando actúa por encargo de parte. Suele ocurrir en la práctica, que su informe es más minucioso y completo que el aportado por el perito designado por el Juzgado.

Entre otros motivos porque, además de disponer de los documentos indubitados incluidos en el procedimiento, ha contado con los que le ha aportado la parte que le ha contratado.

El perito de parte, es preciso que se esmere, aún más, para destacar su credibilidad a la vista del juzgador, realizando su informe de la forma más completa y rigurosa posible. Debe apoyar su investigación con imágenes, detalles ampliados y gráficos explicativos, con exquisita pulcritud y adjuntar la bibliografía necesaria adaptada al caso, para corroborar los criterios y métodos empleados en el cotejo, con el fin de convencer al tribunal de la veracidad de su informe y el porqué de las conclusiones razonadas de su dictamen.

La valoración de la prueba pericial ha de hacerse no sólo atendiendo a las conclusiones que se resumen en el dictamen pericial, sino a los razonamientos formulados por el perito, fruto de su estudio e investigación que sirven de fundamento para llegar a dichas conclusiones.

El dictamen deberá ser claro, conciso y concluyente, de forma que no se preste a ningún tipo de duda y deberá ratificarlo en la vista oral de forma rotunda, categórica e incuestionable, respondiendo absolutamente a todas las preguntas que le formulen todos los operadores jurídicos.

19.2.1. Dictamen del perito de designación judicial

El perito designado por el Tribunal después de haber efectuado las operaciones precisas para realizar su informe, emitirá por escrito su dictamen, que deberá contener como mínimo:

- la descripción del objeto de la pericia
- Identificación del perito y demás requisitos legales
- Los métodos empleados
- la relación de operaciones realizadas
- el resultado de las mismas
- las conclusiones y el dictamen

Enviará el dictamen conforme le indique el Juzgado. El Tribunal dará traslado a las partes por si consideran necesario que el perito concurra al juicio. Deberá acordarse su presencia a la vista oral mediante providencia y a ser posible de forma presencial, mejor que por videoconferencia.

La LEC otorga naturaleza de prueba pericial a los llamados, dictámenes periciales extrajudiciales obtenidos fuera del procedimiento, facultando a las partes para que los aporten con sus escritos de alegaciones e incluso permitiéndoles aportarlos posteriormente, pero en los plazos previstos con anterioridad a la vista oral.

19.2.2. Dictamen del perito de parte

Cuando el perito actúa de parte el propio letrado o el procurador designado se encargarán de presentarlo en tiempo y forma, generalmente mediante LEXNET. Recordar que, en el escrito se adjuntará la solicitud de comparecencia del perito, para ratificarse y someterse a las preguntas que le formulen en la vista oral. *"El perito será citado por el Juzgado para ratificar su informe, Arts. LEC 338, 346 y 347 con la obligación de responder a todas las preguntas, que se le formulen, e incluso someterse a careo con otros peritos"*

20. *La vista oral*

El tándem formado por el letrado y el calígrafo de parte está llegando a culminar en esta etapa. El esfuerzo de estudio, investigación y colaboración, durante el tiempo que dura el procedimiento suele ser muy tedioso. Nuestro objetivo es conseguir una sentencia favorable para los intereses de nuestro cliente.

La vista oral tiene similitudes con una *"representación teatral"* donde se reproduce el litigio. A los peritos les toca representar un papel fundamental, siendo abundantes los procedimientos en que son los protagonistas. Luego, tienen que actuar y ratificar en consecuencia con su *"guión"*, bien aprendido, es decir, de forma coherente con su informe pericial. El aspecto, la forma de actuar y la comunicación no verbal que muestre el perito en la vista oral, jugará a favor o en contra de la credibilidad de su dictamen ante los ojos del juzgador.

20.1. CUALIDADES EXIGIBLES AL PERITO EN LA VISTA ORAL.

- Presencia: El aspecto físico debe estar en consonancia con el lugar, la sala de vistas. Lo más correcto es el uso de una ropa apropiada a dicho contexto, sin ser llamativa o estridente. El objetivo es que el juzgador, tribunal y/o jurado centren su atención en su exposición y no en su vestimenta.
- Empleo de un lenguaje sencillo, claro y a la vez breve y conciso: Al exponer su informe esclarecerá todos los hechos que concurren en los documentos, ilustrando y mostrando los cotejos que ha realizado, con métodos objetivos y científicos para que sea perfectamente comprensible su dictamen.
- Meticulosidad: Su dictamen será fruto de un estudio e investigación de hechos y evidencias presentados de forma pormenorizada. Deberá expresarse de forma clara y sin artificios lingüísticos. Será imprescindible que conozca en profundidad los informes emitidos de la contraparte y/o del nombrado por el juzgado, si los hubiese, para en su caso, rebatir los apartados que procedan citándolos con conocimiento de causa.

- Organización: Deberá exponer su trabajo de forma ordenada sirviéndose, si es posible, de pantallas de proyección, mostrando las evidencias detalladamente mediante fotos, gráficos, estadísticas, etc.
- Comunicación: Deberá dominar tanto el lenguaje verbal como el no verbal y comunicar con fluidez y elocuencia. En ocasiones, el mensaje no llega debido a la falta de capacidad del perito para transmitir con soltura los frutos de su investigación.
- Solvencia técnica: Es esencial apoyarse en el estudio con citas bibliográficas de los métodos científicos y técnicos empleados, sobre la base del conocimiento de la disciplina en cuestión.
- Experiencia: Un perito experimentado dispondrá de mayores conocimientos y recursos prácticos, que son esenciales para una buena exposición. La práctica de periciales no sólo transmitirá mayor seguridad en juicio, sino que facilitará la estrategia y la táctica a seguir para convencer al tribunal.
- Autocontrol: Es fundamental que durante su intervención el perito no pierda los nervios manifestando conductas que suelen concluir en discusiones y enfrentamientos con el letrado de la contraparte e incluso con el fiscal o el juzgador. El deficiente autocontrol es sinónimo de ausencia de credibilidad, de objetividad y de recursos. Para no ser tachado de parcial, debe controlarse y mantenerse ecuánime durante todo el interrogatorio, aunque se sienta incómodo o le inciten a la provocación las cuestiones que le planteen.
- Personalidad: En la ratificación en sala es preciso transmitir convicción, confianza y credibilidad, evitando la arrogancia y el egocentrismo que se volvería en su contra.
- Honestidad: El perito debe ser imparcial, objetivo y además parecerlo. Lo que supone que en sus manifestaciones debe abstenerse de "beneficiar" a la parte que lo ha contratado cuando actúa como perito de parte, centrando su exposición en defender con objetividad su opinión técnica, nunca a la parte, para eso está el abogado.

El perito entrará en la sala de vistas cuando se lo indiquen, pudiendo continuar en la sala si se lo autoriza el juzgador.

Las actuaciones se concretarán en:

- Identificarse y ratificarse en el dictamen presentado, indicando si hubiese algo que complementar o matizar.
- Tiene la obligación de responder con claridad a todas las preguntas que le formulen en la sala, resolviendo dudas y objeciones, apoyán-

dose en citas contrastadas de doctrina pericial, documentos ampliados en detalle en pantallas, etc.

- Si se le solicita criticará informes de otros peritos.
- E incluso se prestará a careo con otros peritos intervinientes de su especialidad.

21. Resumen de la legislación aplicable al contexto documental y pericial

Enumeramos algunas normas jurídicas para desenvolvernos en los Tribunales, teniendo presente que:

- **Como consecuencia de cambios legislativos, conviene consultar fuentes actualizadas, como las recientes modificaciones recogidas en B.O.E. Nº 303 Real Decreto-Ley 6/2023 de 19 de diciembre de 2023.**
- Algunas normas y/o plazos pueden variar según los procedimientos y las jurisdicciones.
- Así mismo es preciso consultar la Doctrina que generan las Jurisprudencias de Audiencias Provinciales, Tribunales Superiores de Justicia, TS, TC y TJUE.
- Como norma general los dictámenes de los peritos se presentarán con la demanda o en la contestación. En cualquier caso, en el plazo de cinco días antes de la audiencia previa. Es lamentable escuchar de algún operador jurídico en pasillos de juzgados: "*me he quedado con el informe en las manos*", sin poderlo aportar.

21.1. JURISDICCIÓN CIVIL

Solicitud de valerse de informe pericial caligráfico Art. 339 LEC

Art. 269 LEC. No serán admitidos dictámenes de peritos aportados por las partes después del juicio o de la vista, excepto en los casos previstos en el Art. 435, en diligencias finales previas a la emisión de sentencia, en los juicios ordinarios.

Art. 271.1. LEC. En los casos de aportación de dictámenes con posterioridad a los distintos momentos procesales en los que la LEC autoriza a hacerlo, serán devueltos de oficio a instancia de parte.

Art. 272. LEC. Contra la resolución de su inadmisión no cabe recurso alguno, sin perjuicio de reproducir la petición de su aportación en segunda instancia.

21.1.1. De los *m*edios de prueba

Art. 289.3 LEC. Forma de practicarse las pruebas:

Se llevarán a cabo ante el LAJ la presentación de documentos originales o copias auténticas, la aportación de otros medios o instrumentos probatorios, el reconocimiento de la autenticidad de un documento privado, la formación de cuerpos de escritura para el cotejo de letras y la mera ratificación de la autoría del dictamen pericial, siempre que tengan lugar fuera de la vista pública o el LAJ estuviera presente en el acto. Pero el Tribunal habrá de examinar por sí mismo la prueba documental, los informes y dictámenes escritos y cualesquiera otros medios o instrumentos que se aportaren.

Art. 299 LEC. Medios de prueba

1. Los medios de prueba de que se podrá hacer uso en juicio son:

1.º Interrogatorio de las partes.

2.º Documentos públicos.

3.º Documentos privados.

4.º Dictamen de peritos.

5.º Reconocimiento judicial.

6.º Interrogatorio de testigos.

2. También se admitirán, conforme a lo dispuesto en esta Ley, los medios de reproducción de la palabra, el sonido y la imagen, así como los instrumentos que permiten archivar y conocer o reproducir palabras, datos, cifras y operaciones matemáticas llevadas a cabo con fines contables o de otra clase, relevantes para el proceso.

3. Cuando por cualquier otro medio no expresamente previsto en los apartados anteriores de este artículo pudiera obtenerse certeza sobre hechos relevantes, el tribunal, a instancia de parte, lo admitirá como prueba, adoptando las medidas que en cada caso resulten necesarias.

21.1.2. De los documentos públicos

Art. 317 LEC. Clases de documentos públicos

A efectos de prueba en el proceso, se consideran documentos públicos:

1.º Las resoluciones y diligencias de actuaciones judiciales de toda especie y los testimonios que de las mismas expidan los Letrados de la Administración de Justicia. .Referencia al Letrado de la Administración de Justicia modificada conforme establece la disposición adicional primera de la L.O. 7/2015, de 21 de julio. Vigencia: 1 octubre 2015

2.º Los autorizados por notario con arreglo a derecho.

3.º Los intervenidos por Corredores de Comercio Colegiados y las certificaciones de las operaciones en que hubiesen intervenido, expedidas por ellos con referencia al Libro Registro que deben llevar conforme a derecho.

4.º Las certificaciones que expidan los Registradores de la Propiedad y Mercantiles de los asientos registrales.

5.º Los expedidos por funcionarios públicos legalmente facultados para dar fe en lo que se refiere al ejercicio de sus funciones.

6.º Los que, con referencia a archivos y registros de órganos del Estado, de las Administraciones públicas o de otras entidades de Derecho público, sean expedidos por funcionarios facultados para dar fe de disposiciones y actuaciones de aquellos órganos, Administraciones o entidades.

Art. 318 LEC. Modo de producción de la prueba por documentos públicos

Los documentos públicos tendrán la fuerza probatoria establecida en el Art. 319 si se aportaren al proceso en original o por copia o certificación fehaciente, ya sean presentadas éstos en soporte papel o mediante documento electrónico, o si, habiendo sido aportado por copia simple, en soporte papel o imagen digitalizada, conforme a lo previsto en el Art. 267, no se hubiere impugnado su autenticidad.

Art. 319 LEC. Fuerza probatoria de los documentos públicos

1. Con los requisitos y en los casos de los artículos siguientes, los documentos públicos comprendidos en los números 1.º a 6.º del Art. 317 harán prueba plena del hecho, acto o estado de cosas que documenten, de la fecha en que se produce esa documentación y de la identidad de los fedatarios y demás personas que, en su caso, intervengan en ella.

2. La fuerza probatoria de los documentos administrativos no comprendidos en los números 5.º y 6.º del Art. 317 a los que las leyes otorguen el carácter de públicos, será la que establezcan las leyes que les reconozca tal carácter. En defecto de disposición expresa en tales leyes, los hechos, actos o estados de cosas que consten en los referidos documentos se tendrán por ciertos, a los efectos de la sentencia que se dicte, salvo que otros medios de prueba desvirtúen la certeza de lo documentado.

3. En materia de usura, los tribunales resolverán en cada caso formando libremente su convicción sin vinculación a lo establecido en el apartado primero de este artículo.

Art. 320 LEC. Impugnación del valor probatorio del documento público. Cotejo o comprobación

1. Si se impugnase la autenticidad de un documento público, para que pueda hacer prueba plena se procederá de la forma siguiente:

1.º Las copias, certificaciones o testimonios fehacientes se cotejarán o comprobarán con los originales, dondequiera que se encuentren, ya se hayan presentado en soporte papel o electrónico, informático o digital.

2.º Las pólizas intervenidas por corredor de comercio colegiado se comprobarán con los asientos de su Libro Registro.

2. El cotejo o comprobación de los documentos públicos con sus originales se practicará por el letrado de la Administración de Justicia, constituyéndose al efecto en el archivo o local donde se halle el original o matriz, a presencia, si concurrieren, de las partes y de sus defensores, que serán citados al efecto.

Si los documentos públicos estuvieran en soporte electrónico, el cotejo con los originales se practicará por el letrado de la Administración de Justicia en la oficina judicial, a presencia, si concurrieren, de las partes y de sus defensores, que serán citados al efecto.

3. Cuando de un cotejo o comprobación resulte la autenticidad o exactitud de la copia o testimonio impugnados, las costas, gastos y derechos que origine el cotejo o comprobación serán exclusivamente de cargo de quien hubiese formulado la impugnación. Si, a juicio del tribunal, la impugnación hubiese sido temeraria, podrá imponerle, además, una multa de 120 a 600 euros.

Art. 321 LEC. Testimonio o certificación incompletos

El testimonio o certificación fehacientes de sólo una parte de un documento no hará prueba plena mientras no se complete con las adiciones que solicite el litigante a quien pueda perjudicarle.

Art. 322 LEC. Documentos públicos no susceptibles de cotejo o comprobación

1. Harán prueba plena en juicio, sin necesidad de comprobación o cotejo y salvo prueba en contrario y la facultad de solicitar el cotejo de letras cuando sea posible:

1.º Las escrituras públicas antiguas que carezcan de protocolo y todas aquellas cuyo protocolo o matriz hubiese desaparecido.

2.º Cualquier otro documento público que, por su índole, carezca de original o registro con el que pueda cotejarse o comprobarse.

2. En los casos de desaparición del protocolo, la matriz o los expedientes originales, se estará a lo dispuesto en el Art. 1221 CC.

Art. 323 LEC. Documentos públicos extranjeros

1. A efectos procesales, se considerarán documentos públicos los documentos extranjeros a los que, en virtud de tratados o convenios internacionales o de leyes especiales, haya de atribuírseles la fuerza probatoria prevista en el Art. 319 LEC.

2. Cuando no sea aplicable ningún tratado o convenio internacional ni ley especial, se considerarán documentos públicos los que reúnan los siguientes requisitos:

1.º Que en el otorgamiento o confección del documento se hayan observado los requisitos que se exijan en el país donde se hayan otorgado para que el documento haga prueba plena en juicio.

2.º Que el documento contenga la legalización o apostilla y los demás requisitos necesarios para su autenticidad en España.

3. Cuando los documentos extranjeros a que se refieren los apartados anteriores de este artículo incorporen declaraciones de voluntad, la existencia de éstas se tendrá por probada, pero su eficacia será la que determinen las normas españolas y extranjeras aplicables en materia de capacidad, objeto y forma de los negocios jurídicos.

21.1.3. De los *d*ocumentos privados

Art. 324 LEC. Clases de documentos privados

Se consideran documentos privados, a efectos de prueba en el proceso, aquellos que no se hallen en ninguno de los casos del Art. 317 LEC.

Art. 325 LEC. Modo de producción de la prueba

Los documentos privados se presentarán del modo establecido en el Art. 268 LEC.

Art. 326 LEC. Fuerza probatoria de los documentos privados

1. Los documentos privados harán prueba plena en el proceso, en los términos del artículo 319, cuando su autenticidad no sea impugnada por la parte a quien perjudiquen.

2. Cuando se impugnare la autenticidad de un documento privado, el que lo haya presentado podrá pedir el cotejo pericial de letras o proponer cualquier otro medio de prueba que resulte útil y pertinente al efecto.

Si del cotejo o de otro medio de prueba se desprendiere la autenticidad del documento, se procederá conforme a lo previsto en el apartado tercero del artículo 320. Cuando no se pudiere deducir su autenticidad o no se hubiere propuesto prueba alguna, el tribunal lo valorará conforme a las reglas de la sana crítica.

*3. Cuando la parte a quien interese la eficacia de un documento electrónico lo solicite o se impugne su autenticidad, integridad, precisión de fecha y hora u otras características del documento electrónico que un servicio electrónico de confianza no cualificado de los previstos en el Reglamento UE 910/2014 del Parlamento Europeo y del Consejo, de 23 de julio de 2014, relativo a la identificación electrónica y los servicios de confianza para las transacciones electrónicas en el mercado interior, permita acreditar, se procederá con arreglo a lo establecido en el apartado 2 del presente artículo y en el Reglamento UE 910/2014. R*edactado por el número uno de la disposición final segunda de Ley 6/2020, de 11 de noviembre, reguladora de determinados aspectos de los servicios electrónicos de confianza BOE.12 noviembre *2020*

4. Si se hubiera utilizado algún servicio de confianza cualificado de los previstos en el Reglamento citado en el apartado anterior, se presumirá que el documento reúne la característica cuestionada y que el servicio de confianza se ha prestado correctamente si figuraba, en el momento relevante a los efectos de la discrepancia, en la lista de confianza de prestadores y servicios cualificados.

Si aun así se impugnare el documento electrónico, la carga de realizar la comprobación corresponderá a quien haya presentado la impugnación. Si dichas comprobaciones obtienen un resultado negativo, serán las costas, gastos y derechos que origine la comprobación exclusivamente a cargo de quien hubiese formulado la impugnación. Si, a juicio del tribunal, la impugnación hubiese sido temeraria, podrá imponerle, además, una multa de 300 a 1200 euros.

Art. 328 LEC. Deber de exhibición documental entre partes

1. Cada parte podrá solicitar de las demás la exhibición de documentos que no se hallen a disposición de ella y que se refieran al objeto del proceso o a la eficacia de los medios de prueba.

2. A la solicitud de exhibición deberá acompañarse copia simple del documento y, si no existiere o no se dispusiere de ella, se indicará en los términos más exactos posibles el contenido de aquél.

3. En los procesos seguidos por infracción de un derecho de propiedad industrial o de un derecho de propiedad intelectual, cometida a escala comercial, la solicitud de exhibición podrá extenderse, en particular, a los documentos bancarios, financieros, comerciales o aduaneros producidos en un determinado período de tiempo y que se presuman en poder del demandado. La solicitud deberá acompañarse de un principio de prueba que podrá consistir en la presentación de una muestra de los ejemplares, mercancías o productos en los que se hubiere materializado la infracción. A instancia de cualquier interesado, el tribunal podrá atribuir carácter reservado a las actuaciones, para garantizar la protección de los datos e información que tuvieran carácter confidencial.

Art. 329 LEC. Efectos de la negativa a la exhibición

1. En caso de negativa injustificada a la exhibición del artículo anterior, el tribunal, tomando en consideración las restantes pruebas, podrá atribuir valor probatorio a la copia simple presentada por el solicitante de la exhibición o a la versión que del contenido del documento hubiese dado.

2. En el caso de negativa injustificada a que se refiere el apartado anterior, el tribunal, en lugar de lo que en dicho apartado se dispone, podrá formular requerimiento, mediante providencia, para que los documentos cuya exhibición se solicitó sean aportados al proceso, cuando así lo aconsejen las características de dichos documentos, las restantes pruebas aportadas, el contenido de las pretensiones formuladas por la parte solicitante y lo alegado para fundamentarlas.

Art. 330 LEC. Exhibición de documentos por terceros

1. Salvo lo dispuesto en esta Ley en materia de diligencias preliminares, sólo se requerirá a los terceros no litigantes la exhibición de documentos de su propiedad cuando, pedida por una de las partes, el tribunal entienda que su conocimiento resulta trascendente a los fines de dictar sentencia.

En tales casos el tribunal ordenará, mediante providencia, la comparecencia personal de aquel en cuyo poder se hallen y, tras oírle, resolverá lo procedente. Dicha resolución no será susceptible de recurso alguno, pero la parte a quien interese podrá reproducir su petición en la segunda instancia.

Cuando estuvieren dispuestos a exhibirlos voluntariamente, no se les obligará a que los presenten en la Oficina judicial, sino que, si así lo exigieren, irá el LAJ a su domicilio para testimoniarlos.

2. A los efectos del apartado anterior, no se considerarán terceros los titulares de la relación jurídica controvertida o de las que sean causa de ella, aunque no figuren como partes en el juicio.

Art. 331 LEC. Testimonio de documentos exhibidos

Si la persona de la que se requiera la exhibición según lo dispuesto en los artículos anteriores no estuviere dispuesta a desprenderse del documento para su incorporación a los autos, se extenderá testimonio de éste por el LAJ en la sede del tribunal, si así lo solicitare el exhibiente, o se digitalizará por funcionario competente bajo la fe del letrado o letrada de la Administración de Justicia.

Art 332 LEC. Deber de exhibición de entidades oficiales

1. Las dependencias del Estado, Comunidades Autónomas, provincias, Entidades locales y demás entidades de Derecho público no podrán negarse a expedir las certificaciones y testimonios que sean solicitados por los tribunales ni oponerse a exhibir los documentos que obren en sus dependencias y archivos, excepto cuando se trate de documentación legalmente declarada o clasificada como de carácter reservado o secreto. En este caso, se dirigirá al tribunal exposición razonada sobre dicho carácter.

2. Salvo que exista un especial deber legal de secreto o reserva, las entidades y empresas que realicen servicios públicos o estén encargadas de actividades del Estado, de las CCAA, de las provincias, de los municipios y demás Entidades locales, estarán también sujetas a la obligación de exhibición, así como a expedir certificaciones y testimonios, en los términos del apartado anterior.

Art. 333 LEC. Extracción de copias de documentos que no sean textos escritos

Cuando se trate de dibujos, fotografías, croquis, planos, mapas y otros documentos que no incorporen predominantemente textos escritos, si sólo existiese el original, la parte podrá solicitar que en la exhibición se obtenga copia, a presencia del LAJ, que dará fe de ser fiel y exacta reproducción del original.

Si estos documentos se aportan de forma electrónica, las copias realizadas por medios electrónicos por la oficina judicial tendrán la consideración de copias auténticas.

Art. 334 LEC. Valor probatorio de las copias reprográficas y cotejo

1. Si la parte a quien perjudique el documento presentado por copia reprográfica impugnare la exactitud de la reproducción, se cotejará con el original, si fuere posible y, no siendo así, se determinará su valor probatorio según las reglas de la sana crítica, teniendo en cuenta el resultado de las demás pruebas.

2. Lo dispuesto en el apartado anterior de este artículo también será de aplicación a los dibujos, fotografías, pinturas, croquis, planos, mapas y documentos semejantes.

3. El cotejo a que el presente artículo se refiere se verificará por el Letrado de la Administración de Justicia, salvo el derecho de las partes a proponer prueba pericial.

21.1.4. Del dictamen de peritos

Art. 335 LEC. Objeto y finalidad del dictamen de peritos. Juramento o promesa de actuar con objetividad

1. Cuando sean necesarios conocimientos científicos, artísticos, técnicos o prácticos para valorar hechos o circunstancias relevantes en el asunto o adquirir certeza sobre ellos, las partes podrán aportar al proceso el dictamen de peritos que posean los conocimientos correspondientes o solicitar, en los casos previstos en esta ley, que se emita dictamen por perito designado por el tribunal.

2. Al emitir el dictamen, todo perito deberá manifestar, bajo juramento o promesa de decir verdad, que ha actuado y, en su caso, actuará con la mayor objetividad posible, tomando en consideración tanto lo que pueda favorecer como lo que sea susceptible de causar perjuicio a cualquiera de las partes, y que conoce las sanciones penales en las que podría incurrir si incumpliere su deber como perito.

3. Salvo acuerdo en contrario de las partes, no se podrá solicitar dictamen a un perito que hubiera intervenido en una mediación o arbitraje relacionados con el mismo asunto.

Art. 336 LEC. Aportación con la demanda y la contestación de dictámenes elaborados por peritos designados por las partes

1. Los dictámenes de que los litigantes dispongan, elaborados por peritos por ellos designados, y que estimen necesarios o convenientes para la defensa de sus derechos, habrán de aportarlos con la demanda o con la contestación, sin perjuicio de lo dispuesto en el Art. 337.

2. Los dictámenes se formularán por escrito, acompañados, en su caso, de los demás documentos, instrumentos o materiales adecuados para exponer el parecer del perito sobre lo que haya sido objeto de la pericia. Si no fuese posible o conveniente aportar estos materiales e instrumentos, el escrito de dictamen contendrá sobre ellos las indicaciones suficientes. Podrán, asimismo, acompañarse al dictamen los documentos que se estimen adecuados para su más acertada valoración.

3. Se entenderá que al demandante le es posible aportar con la demanda dictámenes escritos elaborados por perito por él designado, si no justifica cumplidamente que la defensa de su derecho no ha permitido demorar la interposición de aquélla hasta la obtención del dictamen.

4. El demandado que no pueda aportar dictámenes escritos con la contestación a la demanda deberá justificar la imposibilidad de pedirlos y obtenerlos dentro del plazo para contestar.

5. A instancia de parte, el juzgado o tribunal podrá acordar que se permita al demandado examinar por medio de abogado o perito las cosas y los lugares cuyo estado y circunstancias sean relevantes para su defensa o para la preparación de los informes periciales que pretenda presentar. Asimismo, cuando se trate de reclamacio-

nes por daños personales, podrá instar al actor para que permita su examen por un facultativo, a fin de preparar un informe pericial.

Las partes pueden pedir la concurrencia de todos los peritos al acto del juicio o vista Arts. 337, 338 y 346 LEC, donde podrán requerir la explicación del dictamen, preguntar y objetar al perito sobre el método, premisas, conclusiones y someter a crítica el dictamen de la parte contraria mediante la argumentación de su perito.

Art. 337 LEC. Anuncio de dictámenes cuando no se puedan aportar con la demanda o con la contestación. Aportación posterior

1. Si no les fuese posible a las partes aportar dictámenes elaborados por peritos por ellas designados, junto con la demanda o contestación, expresarán en una u otra los dictámenes de que, en su caso, pretendan valerse, que habrán de aportar, para su traslado a la parte contraria, en cuanto dispongan de ellos, y en todo caso cinco días antes de iniciarse la audiencia previa al juicio ordinario o en treinta días desde la presentación de la demanda o de la contestación en el juicio verbal. Este plazo puede ser prorrogado por el tribunal cuando la naturaleza de la prueba pericial así lo exija y exista una causa justificada.

2. Aportados los dictámenes conforme a lo dispuesto en el apartado anterior, las partes habrán de manifestar si desean que los peritos autores de los dictámenes comparezcan en el juicio regulado en los artículos 431 y siguientes de esta Ley o, en su caso, en la vista del juicio verbal, expresando si deberán exponer o explicar el dictamen o responder a preguntas, objeciones o propuestas de rectificación o intervenir de cualquier otra forma útil para entender y valorar el dictamen en relación con lo que sea objeto del pleito.

Art.338 LEC. Aportación de dictámenes en función de actuaciones procesales posteriores a la demanda. Solicitud de intervención de los peritos en el juicio o vista.

1. Lo dispuesto en el artículo anterior no será de aplicación a los dictámenes cuya necesidad o utilidad se ponga de manifiesto a causa de alegaciones del demandado en la contestación a la demanda o de las alegaciones o pretensiones complementarias admitidas en la audiencia, a tenor del artículo 426 de esta Ley.

2. Los dictámenes cuya necesidad o utilidad venga suscitada por la contestación a la demanda o por lo alegado y pretendido en la audiencia previa al juicio se aportarán por las partes, para su traslado a las contrarias, con al menos cinco días de antelación a la celebración del juicio o de la vista, manifestando las partes al tribunal si consideran necesario que concurran a dicho juicio o vista los peritos autores de los dictámenes, con expresión de lo que se señala en el Art. 337.2

El tribunal podrá acordar también en este caso la presencia de los peritos en el juicio o vista en los términos señalados en el apartado 2 del artículo anterior.

Art. 339 LEC Solicitud de designación de peritos por el tribunal y resolución judicial sobre dicha solicitud. Designación de peritos por el tribunal, sin instancia de parte

1. Si cualquiera de las partes fuese titular del derecho de asistencia jurídica gratuita, no tendrá que aportar con la demanda o la contestación el dictamen pericial, sino simplemente anunciarlo, a los efectos de que se proceda a la designación judicial de perito, conforme a lo que se establece en la Ley de asistencia jurídica gratuita.

2. El demandante o el demandado, aunque no se hallen en el caso del apartado anterior, también podrán solicitar en sus respectivos escritos iniciales que se proceda a la designación judicial de perito, si entienden conveniente o necesario para sus intereses la emisión de informe pericial. En tal caso, el tribunal procederá a la designación. Dicho dictamen será a costa de quien lo haya pedido, sin perjuicio de lo que pudiere acordarse en materia de costas.

Salvo que se refiera a alegaciones o pretensiones no contenidas en la demanda, no se podrá solicitar, con posterioridad a la demanda o a la contestación, informe pericial elaborado por perito designado judicialmente.

La designación judicial de perito deberá realizarse en el plazo de cinco días desde la presentación de la contestación a la demanda, con independencia de quién haya solicitado dicha designación. Cuando ambas partes la hubiesen pedido inicialmente, el tribunal podrá designar, si aquéllas se muestran conformes, un único perito que emita el informe solicitado. En tal caso, el abono de los honorarios del perito corresponderá realizarlo a ambos litigantes por partes iguales, sin perjuicio de lo que pudiere acordarse en materia de costas.

3. En el juicio ordinario, si a consecuencia de las alegaciones o pretensiones complementarias permitidas en la audiencia, las partes solicitasen, conforme previene el apartado 4 del artículo 427, la designación por el tribunal de un perito que dictamine, lo acordará éste así, siempre que considere pertinente y útil el dictamen.

Lo mismo podrá hacer el tribunal cuando se trate de juicio verbal y las partes solicitasen en la vista designación de perito, en cuyo caso se interrumpirá aquélla hasta que se realice el dictamen.

4. En los casos señalados en los dos apartados anteriores, si las partes que solicitasen la designación de un perito por el tribunal estuviesen además de acuerdo en que el dictamen sea emitido por una determinada persona o entidad, así lo acordará el tribunal. Si no hubiese acuerdo de las partes, el perito será designado por el procedimiento establecido en el artículo 341.

5. El tribunal podrá, de oficio, designar perito cuando la pericia sea pertinente en procesos sobre declaración o impugnación de la filiación, paternidad y maternidad, sobre la capacidad de las personas o en procesos matrimoniales.

6. El tribunal no designará más que un perito titular por cada cuestión o conjunto de cuestiones que hayan de ser objeto de pericia y que no requieran, por la diversidad de su materia, el parecer de expertos distintos.

Art. 340 LEC. Condiciones de los peritos

1. Los peritos deberán poseer el título oficial que corresponda a la materia objeto del dictamen y a la naturaleza de éste. Si se tratare de materias que no estén comprendidas en títulos profesionales oficiales, habrán de ser nombrados entre personas entendidas en aquellas materias.

2. Podrá asimismo solicitarse dictamen de Academias e instituciones culturales y científicas que se ocupen del estudio de las materias correspondientes al objeto de la pericia. También podrán emitir dictamen sobre cuestiones específicas las personas jurídicas legalmente habilitadas para ello.

3. En los casos del apartado anterior, la institución a la que se encargue el dictamen expresará a la mayor brevedad qué persona o personas se encargarán directamente de prepararlo, a las que se exigirá el juramento o promesa previsto en el apartado segundo del Art. 335

21.1.5. Sistemas de designación judicial de peritos

Los peritos de designación judicial figuran regulados en los Art. 341 y 342 de la LEC. El número de peritos que puede designar el tribunal dependerá de los temas objeto de pericia en el procedimiento Arts. 241 y 339 LEC.

Art. 341 LEC. Procedimiento para la designación judicial de perito

1. En el mes de enero de cada año se interesará de los distintos Colegios profesionales o, en su defecto, de entidades análogas, así como de las Academias e instituciones culturales y científicas a que se refiere el apartado segundo del artículo anterior el envío de una lista de colegiados o asociados dispuestos a actuar como peritos. La primera designación de cada lista se efectuará por sorteo realizado en presencia del LAJ, y a partir de ella se efectuarán las siguientes designaciones por orden correlativo.

2. Cuando haya de designarse perito a persona sin título oficial, práctica o entendida en la materia, previa citación de las partes, se realizará la designación por el procedimiento establecido en el apartado anterior, usándose para ello una lista de personas que cada año se solicitará de sindicatos, asociaciones y entidades apropia-

das, y que deberá estar integrada por al menos cinco de aquellas personas. Si, por razón de la singularidad de la materia de dictamen, únicamente se dispusiera del nombre de una persona entendida o práctica, se recabará de las partes su consentimiento y sólo si todas lo otorgan se designará perito a esa persona.

Para aplicar este procedimiento el Decanato de cada provincia debería confeccionar una lista única de peritos por cada especialidad de la que se irían sirviendo todos los órganos judiciales. Lo aplican muy pocas demarcaciones judiciales del Estado. Se denomina "lista única".

Hay peritos que se inscriben en los juzgados en una misma especialidad por más de una asociación profesional, en detrimento de los peritos que se inscriben por una sola asociación. Por tanto, el citado procedimiento de lista única, es más transparente justo y equitativo, ya que otorga las mismas posibilidades de elección a todos los peritos voluntariamente inscritos ese año en cada especialidad.

Art. 342 LEC. Llamamiento al perito designado, aceptación y nombramiento. Provisión de fondos.

1. En el mismo día o siguiente día hábil a la designación, el LAJ comunicará ésta al perito titular, requiriéndole para que en el plazo de dos días manifieste si acepta el cargo. En caso afirmativo, se efectuará el nombramiento y el perito hará, en la forma en que se disponga, la manifestación bajo juramento o promesa que ordena el apartado 2 del artículo 335.

2. Si el perito designado adujere justa causa que le impidiere la aceptación, y el LAJ la considerare suficiente, será sustituido por el siguiente de la lista, y así sucesivamente, hasta que se pudiere efectuar el nombramiento.

3. El perito designado podrá solicitar, en los tres días siguientes a su nombramiento y con presentación de un presupuesto de lo que sería su futura factura, la provisión de fondos que considere necesaria, que será a cuenta de la liquidación final. El LAJ, mediante decreto, decidirá sobre la provisión solicitada y ordenará a la parte o partes que hubiesen propuesto la prueba pericial y no tuviesen derecho a la asistencia jurídica gratuita, que procedan a abonar la cantidad fijada en la Cuenta de Depósitos y Consignaciones del Tribunal, en el plazo de cinco días.

Transcurrido dicho plazo, si no se hubiere depositado la cantidad establecida, el perito quedará eximido de emitir el dictamen, sin que pueda procederse a una nueva designación.

Cuando el perito designado lo hubiese sido de común acuerdo, y uno de los litigantes no realizare la parte de la consignación que le correspondiere, el LAJ ofrecerá al otro litigante la posibilidad de completar la cantidad que faltare, indicando en tal caso los puntos sobre los que deba pronunciarse el dictamen, o de recuperar la cantidad depositada, en cuyo caso se aplicará lo dispuesto en el párrafo anterior.

Terminada la práctica de la prueba pericial el perito presentará su factura o minuta de honorarios, a la que se dará la tramitación prevista en cuanto a las impugnaciones de tasaciones de costas por honorarios excesivos que proceda, y firme que sea la resolución que recaiga se procederá a su pago.

Una vez se reciba la comunicación del Juzgado, deberá acudir al mismo antes de cinco días para comunicar la aceptación de la pericia y en ese momento, solicitar los originales de los documentos dubitados e indubitados que haya que peritar; para ello, leerá la nota de prueba de la/las partes que estará en el expediente judicial que se le muestre una vez que acepte el encargo.

Si no hay documentos indubitados o los que figuran no son adecuados para realizar la pericia, se solicitará mediante escrito razonado, que se tomen los cuerpos de escritura a las personas y/o máquinas que el letrado, asesorado por el perito de parte consideren necesarios.

El funcionario encargado del asunto redactará un acta, que será firmada por el LAJ, reseñando la aceptación, petición de cuerpo de escritura, en su caso, y la solicitud de la provisión de fondos, si se ha solicitado en ese momento. quedándose el perito con copia del acta. Es necesario conocer el plazo máximo de entrega del informe y la fecha de la vista oral. Así mismo, se le informará de los deberes que le comprometen por la aceptación del cargo Arts. 458 y ss. CP.

En el supuesto de Perito designado de común acuerdo y uno de los litigantes no realizare la parte de la consignación que le correspondiere:

- Se ofrecerá al otro litigante la posibilidad de completar la cantidad que faltare, indicando en tal caso los puntos sobre los que deba pronunciarse el dictamen o recuperar la cantidad depositada.
- Si en el momento de la aceptación del cargo el perito no solicitara provisión de fondos, tendrá cinco días para hacerlo por medio de escrito dirigido al Juzgado, indicando, el número de autos del procedimiento. Si en el plazo establecido no se abona la provisión, el perito quedará exonerado de la obligación de realizar el informe.

En la jurisdicción penal, el nombramiento se notificará a la acusación particular y al acusado o investigado, quienes podrán nombrar perito a su costa conforme al Art. 471 LECrim informando al juzgado que resolverá sobre su admisión, siendo de aplicación así mismo los Arts. 472 y 473 de la LEC.

21.1.6. Abstención, recusación y tacha de peritos

- La abstención genéricamente es el acto mediante el cual una autoridad, funcionario, juzgador o perito, llamado a conocer de un asunto, se aparta de su conocimiento, por tener alguna relación con el objeto de aquel o con las partes que intervienen. Los peritos de designación judicial deben apartarse del procedimiento, cuando concurran en los mismos algunas de las causas o circunstancias establecidas, que pudieran afectar a su imparcialidad, Art. 100, 101 y 124 LEC.
- La recusación es la solicitud para que se aparte de la tramitación de un asunto a una autoridad, funcionario público, arbitro o perito por existir al menos una causa legal para ello. Sólo se aplica a los peritos designados por el Tribunal, Art. 219 LOPJ y 124 de la LEC. Afecta a los peritos que actúan de parte, Arts. 343 y 344 LEC. y no podrán ser recusados por las partes. La forma de llevarla a cabo, tramitación y condena figura en los Arts. 125 al 128 LEC.
- La tacha es la reprobación en la que se solicita a la autoridad judicial que no tenga en cuenta el dictamen de un perito, por incurrir al menos un defecto o falta, que hace que no sea adecuado para emitir dictamen alguno por falta de imparcialidad. Los peritos que actúan nombrados por las partes no pueden ser recusados, solo tachados. La recusación se efectúa e impide la emisión del dictamen y la tacha se produce después de la actuación del perito.

Art. 343 LEC. Tachas de los peritos. Tiempo y forma de las tachas

1. Sólo podrán ser objeto de recusación los peritos designados judicialmente.

En cambio, los peritos no recusables podrán ser objeto de tacha cuando concurra en ellos alguna de las siguientes circunstancias:

1.º Ser cónyuge o pariente por consanguinidad o afinidad, dentro del cuarto grado civil de una de las partes o de sus abogados o procuradores.

2.º Tener interés directo o indirecto en el asunto o en otro semejante.

3.º Estar o haber estado en situación de dependencia o de comunidad o contraposición de intereses con alguna de las partes o con sus abogados o procuradores.

4.º Amistad íntima o enemistad con cualquiera de las partes o sus procuradores o abogados.

5.º Cualquier otra circunstancia, debidamente acreditada, que les haga desmerecer en el concepto profesional.

2. Las tachas no podrán formularse después del juicio o de la vista, en los juicios verbales. Si se tratare de juicio ordinario, las tachas de los peritos autores de dictámenes aportados con demanda o contestación se propondrán en la audiencia previa al juicio.

Al formular tachas de peritos, se podrá proponer la prueba conducente a justificarlas, excepto la testifical.

Art. 344 LEC. Contradicción y valoración de la tacha. Sanción en caso de tacha temeraria o desleal.

1. Cualquier parte interesada podrá dirigirse al tribunal a fin de negar o contradecir la tacha, aportando los documentos que consideren pertinentes a tal efecto. Si la tacha menoscabara la consideración profesional o personal del perito, podrá éste solicitar del tribunal que, al término del proceso, declare, mediante providencia, que la tacha carece de fundamento.

2. Sin más trámites, el tribunal tendrá en cuenta la tacha y su eventual negación o contradicción en el momento de valorar la prueba, formulando, en su caso, mediante providencia, la declaración de falta de fundamento de la tacha prevista en el apartado anterior. Si apreciase temeridad o deslealtad procesal en la tacha, a causa de su motivación o del tiempo en que se formulará, podrá imponer a la parte responsable, con previa audiencia, una multa de 60 a 600 euros.

Art. 345 LEC. Operaciones periciales y posible intervención de las partes en ellas.

1. Cuando la emisión del dictamen requiera algún reconocimiento de lugares, objetos o personas o la realización de operaciones análogas, las partes y sus defensores podrán presenciar uno y otras, si con ello no se impide o estorba la labor del perito y se puede garantizar el acierto e imparcialidad del dictamen.

2. Si alguna de las partes solicitare estar presente en las operaciones periciales del apartado anterior, el tribunal decidirá lo que proceda y en caso de admitir esa presencia, ordenará al perito que dé aviso directamente a las partes, con antelación de al menos cuarenta y ocho horas, del día, hora y lugar en que aquellas operaciones se llevarán a cabo.

Se debe invocar este artículo de cara a solicitar la presencia activa del perito de parte, en la toma de cuerpos de escritura

Art. 346 LEC. Emisión y ratificación del dictamen por el perito que el tribunal designe.

El perito que el tribunal designe emitirá por escrito su dictamen, que hará llegar por medios electrónicos al tribunal en el plazo que se le haya señalado. De dicho dicta-

men se dará traslado por el LAJ a las partes por si consideran necesario que el perito deba intervenir en el juicio o en la vista a los efectos de que aporte las aclaraciones o explicaciones que sean oportunas. El tribunal podrá acordar, en todo caso, mediante providencia, que considera necesaria la intervención del perito en el juicio o la vista para comprender y valorar mejor el dictamen realizado.

Cuando el perito que tenga que intervenir en el juicio o la vista resida fuera de la demarcación judicial del tribunal, la declaración se hará preferentemente a través de videoconferencia.

No siempre será necesario proceder a la ratificación posterior del dictamen pericial presentado puesto que la presencia del perito en el juicio queda al criterio del órgano judicial, pudiendo hacer peticiones en ese sentido las partes, al amparo de lo dispuesto en los artículos 337.2 y 346 LEC, si bien, el órgano judicial puede acordar en todo caso mediante providencia, que considera necesaria la presencia del perito en la vista para comprender y valorar mejor el dictamen realizado, conforme al artículo 346 LEC.

Cuando se considere necesaria la intervención del perito, éste estará obligado a comparecer en el día señalado para la celebración del acto del juicio en el procedimiento ordinario o la vista del juicio verbal, salvo que le resulte imposible por causa mayor u otro motivo de análoga entidad, en cuyo caso deberá manifestarlo así al juez, según lo previsto en el artículo183.1 LEC. Si el juez acepta la excusa, decidirá, previa audiencia de las partes, si deja sin efecto el señalamiento de la vista y efectúa otro nuevo, o si cita al perito para la práctica de la actividad probatoria fuera del juicio o vista, tal y como prevén los artículos 183.4 y 430 LEC.

Por el contrario, si el juez no considera debidamente acreditada o suficiente la excusa del perito, mantendrá el señalamiento del juicio o vista y se lo hará saber a través de la correspondiente notificación, al tiempo que le requiere para comparecer, bajo apercibimiento de proceder contra él por desobediencia a la autoridad judicial, conforme a los artículos 183.4 y 292 LEC.

A esto se añade además que si el juez, en el momento de resolver sobre la suficiencia de la excusa del perito, aprecia que éste actuó con dilación injustificada o sin fundamento, podrá imponerle una multa tal y como recoge el artículo 183.5 LEC.

Art. 347 LEC. Posible actuación de los peritos en el juicio o en la vista.

1. Los peritos tendrán en el juicio o en la vista la intervención solicitada por las partes, que el tribunal admita.

El tribunal sólo denegará las solicitudes de intervención que, por su finalidad y contenido, hayan de estimarse impertinentes o inútiles, o cuando existiera un deber de confidencialidad derivado de la intervención del perito en un procedimiento de mediación anterior entre las partes..

En especial, las partes y sus defensores podrán pedir:

1.º Exposición completa del dictamen, cuando esa exposición requiera la realización de otras operaciones, complementarias del escrito aportado, mediante el empleo de los documentos, materiales y otros elementos a que se refiere el apartado 2 del artículo 336.

2.º Explicación del dictamen o de alguno o algunos de sus puntos, cuyo significado no se considerase suficientemente expresivo a los efectos de la prueba.

3.º Respuestas a preguntas y objeciones, sobre método, premisas, conclusiones y otros aspectos del dictamen.

4.º Respuestas a solicitudes de ampliación del dictamen a otros puntos conexos, por si pudiera llevarse a cabo en el mismo acto y a efectos, en cualquier caso, de conocer la opinión del perito sobre la posibilidad y utilidad de la ampliación, así como del plazo necesario para llevarla a cabo.

5.º Crítica del dictamen de que se trate por el perito de la parte contraria.

6.º Formulación de las tachas que pudieren afectar al perito.

2. El tribunal podrá también formular preguntas a los peritos y requerir de ellos explicaciones sobre lo que sea objeto del dictamen aportado, pero sin poder acordar, de oficio, que se amplíe, salvo que se trate de peritos designados de oficio conforme a lo dispuesto en el Art. 339.5 LEC.

21.1.7. Valoración por el perito de otros informes: Contraperitaje

Como acabamos de exponer, en el citado artículo 347.5 de la LEC prevé el supuesto de que un perito pueda hacer crítica del dictamen pericial aportado por la contraparte.

En la práctica, las periciales de parte, con frecuencia, las suelen atacar duramente, tanto la contraparte como la fiscalía, pretendiendo cuestionar su objetividad, imparcialidad y credibilidad con el fin de invalidar su dictamen a los ojos del juzgador. Por tanto, los peritos cuando actúan de parte han de procurar ser especialmente cautos y convincentes en su exposición ante el tribunal, demostrando ser profesionales independientes al servicio de la justicia.

Por el contrario, las periciales realizadas por peritos designados por el juzgado, tanto la fiscalía como el tribunal y la parte a la que beneficia, le dan a priori, máxima credibilidad, en parte motivada por el hecho de la presunción de no conocer a las partes en litigio.

Esa creencia es un grave error. Nos encontramos con multitud de informes que no reúnen los mínimos requisitos de calidad, reseñados en los apartados 11.2, 11.3, 12 y 13 de este Manual.

Es frecuente y lamentable encontrarse con párrafos completos que son "corta y pega" de contenidos "ininteligibles para los juzgadores", sin citas doctrinarias, ni razonamientos científicos. Informes realizados sin el imprescindible examen y cotejo de los documentos dubitados e indubitados originales y/o sin distinguir si son originales o simples copias.

Así mismo abundan los informes sin la completa reproducción y descripción pormenorizada de los documentos objeto de la pericia, conteniendo escasas imágenes, de calidad deficiente en los detalles relevantes. A veces se acompañan gráficos de pequeño tamaño, donde proliferan flechitas y/o circulitos que no aportan información alguna, por el contrario, contribuyen a crear dudas y confundir al juzgador.

El mejor contraperitaje es el informe en que se expresan los fundamentos científicos y técnicos del estudio realizado, describiendo las evidencias del cotejo de forma clara y precisa, mostrando mayor peso probatorio que lo haga incuestionable. Para conseguirlo es imprescindible aplicar las normas de calidad citadas e ilustrar con fotos de los detalles destacables y si fuese preciso gráficos explicativos.

Para apoyar la credibilidad de cualquier informe pericial es conveniente adjuntar en el anexo, bibliografía con principios doctrinales adaptada al caso.

Art. 348 LEC. Valoración del dictamen pericial.

El tribunal valorará los dictámenes periciales según las reglas de la sana crítica.

Art. 349 LEC. Cotejo de letras.

1. Se practicará por perito el cotejo de letras cuando la autenticidad de un documento privado se niegue o se ponga en duda por la parte a quien perjudique.

2. También podrá practicarse cotejo de letras cuando se niegue o discuta la autenticidad de cualquier documento público que carezca de matriz y de copias fehacientes según lo dispuesto en el Art. 1221 CC, siempre que dicho documento no pueda ser reconocido por el funcionario que lo hubiese expedido o por quien aparezca como fedatario interviniente.

3. El cotejo de letras se practicará por perito designado por el tribunal conforme a lo dispuesto en los artículos 341 y 342 de esta Ley.

Art. 350 LEC. Documentos indubitados o cuerpo de escritura para el cotejo.

1. La parte que solicite el cotejo de letras designará el documento o documentos indubitados con que deba hacerse.

2. Se considerarán documentos indubitados a los efectos de cotejar las letras:

1.º Los documentos que reconozcan como tales todas las partes a las que pueda afectar esta prueba pericial.

2.º Las escrituras públicas y los que consten en los archivos públicos relativos al Documento Nacional de Identidad.

3.º Los documentos privados cuya letra o firma haya sido reconocida en juicio por aquel a quien se atribuya la dudosa.

4.º El escrito impugnado, en la parte en que reconozca la letra como suya aquel a quien perjudique.

3. A falta de los documentos enumerados en el apartado anterior, la parte a la que se atribuya el documento impugnado o la firma que lo autorice podrá ser requerida, a instancia de la contraria, para que forme un cuerpo de escritura que le dictará el tribunal o el Letrado de la Administración de Justicia.. Si el requerido se negase, el documento impugnado se considerará reconocido.

4. Si no hubiese documentos indubitados y fuese imposible el cotejo con un cuerpo de escritura por fallecimiento o ausencia de quien debiera formarlo, el tribunal apreciará el valor del documento impugnado conforme a las reglas de la sana crítica.

Art.351 LEC. Producción y valoración del dictamen sobre el cotejo de letras.

1. El perito que lleve a cabo el cotejo de letras consignará por escrito las operaciones de comprobación y sus resultados.

2. Será de aplicación al dictamen pericial de cotejo de letras lo dispuesto en los artículos 346, 347 y 348 de esta Ley.

Art. 352 LEC. Otros dictámenes periciales instrumentales de pruebas distintas.

Cuando sea necesario o conveniente para conocer el contenido o sentido de una prueba o para proceder a su más acertada valoración, podrán las partes aportar o proponer dictámenes periciales sobre otros medios de prueba admitidos por el tribunal al amparo de lo previsto en los apartados 2 y 3 del Art. 299.

21.2. PROCEDIMIENTO PENAL

El CP establece diversos plazos de prescripción, dependiendo de la pena máxima que proceda.

El plazo del delito comienza desde el momento que el afectado tiene conocimiento de la falsificación, no de la fecha que figure en el documento.

En casos de injurias y calumnias relacionados con el documento, dispondrá de un año para interponer la denuncia y en los casos considerados más graves el plazo será de cinco años.

El perito en su calidad de auxiliar de la justicia, ha de ser siempre objetivo e imparcial, tanto si actúa de parte o por designación judicial. Dicha obligación es inexcusable y su incumplimiento puede ser sancionado penalmente.

Art. 458 CP. *El testigo que faltare a la verdad en su testimonio en causa judicial, será castigado con las penas de prisión de seis meses a dos años y multa de tres a seis meses.*

2. Si el falso testimonio se diera en contra del reo en causa criminal por delito, las penas serán de prisión de uno a tres años y multa de seis a doce meses. Si a consecuencia del testimonio hubiera recaído sentencia condenatoria, se impondrán las penas superiores en grado.

Art. 459 CP *Las penas de los artículos precedentes se impondrán en su mitad superior a los peritos o intérpretes que faltaren a la verdad maliciosamente en su dictamen o traducción, los cuales serán, además, castigados con la pena de inhabilitación especial para profesión u oficio, empleo o cargo público, por tiempo de seis a doce años.*

Los Arts. 391 al 394 CP recogen las falsificaciones de documentos públicos.

Los Arts. 395 y 396 CP recogen las falsificaciones de documentos privados.

Los Arts. 397 al 400 bis CP recogen las falsificaciones en certificados, tarjetas de débito y crédito, cheques de viaje, etc.

El nombramiento del perito judicial se ha de notificar a la acusación particular y al investigado o encausado, quienes pueden nombrar, a su costa, un perito Art. 471 LECrim. comunicándolo al juez que resolverá Arts. 472 y 473 LECrim.

21.3. PROCEDIMIENTO ABREVIADO.

Art. 723 LECrim. *Los peritos podrán ser recusados por las causas y en la forma prescrita en los Art. 468, 469 y 470.La sustanciación de los incidentes de recusación tendrá lugar precisamente en el tiempo que media desde la admisión de las pruebas propuestas por las partes hasta la apertura de las sesiones.*

Art. 724 LECrim. *Los peritos que no hayan sido recusados serán examinados juntos cuando deban declarar sobre unos mismos hechos y contestarán a las preguntas y repreguntas que las partes les dirijan.*

Art. 725 LECrim. *Si para contestarlas considerasen necesaria la práctica de cualquier reconocimiento harán este acto continuo, en el local de la misma Audiencia, si fuere posible.En otro caso se suspenderá la sesión por el tiempo necesario, a no ser que puedan continuar practicándose otras diligencias de prueba entre tanto que los peritos verifican el reconocimiento.*

21.4. PROCEDIMIENTO SUMARIO. ARTS. 456 A 485 LECRIM.

Art. 460 LECrim. El nombramiento se hará saber a los peritos por medio de oficio, que les será entregado por alguacil o portero del Juzgado, con las formalidades prevenidas para la citación de los testigos, reemplazándose la cédula original, para los efectos del Art. 175, por un atestado que extenderá el alguacil o portero encargado de la entrega.

Art. 461 LECrim. Si la urgencia del encargo lo exige, podrá hacerse el llamamiento verbalmente de orden del Juez, haciéndolo constar así en los autos; pero extendiendo siempre el atestado prevenido en el artículo anterior el encargado del cumplimiento de la orden de llamamiento.

Art. 462 LECcrim. Nadie podrá negarse a acudir al llamamiento del Juez para desempeñar un servicio pericial, si no estuviere legítimamente impedido. En este caso deberá ponerlo en conocimiento del Juez en el acto de recibir el nombramiento, para que se provea a lo que haya lugar.

Art. 463 LECrim. El perito que, sin alegar excusa fundada, deje de acudir al llamamiento del Juez o se niegue a prestar el informe, incurrirá en las responsabilidades señaladas para los testigos en el artículo 420.

Art. 466 LECrim. Hecho el nombramiento de peritos, se notificará inmediatamente así al actor particular, si lo hubiere, como al procesado si estuviere a disposición del Juez o se encontrare en el mismo lugar de la instrucción, o a su representante si le tuviere.

21.5. FUNCIONARIOS PÚBLICOS: ALTERACIÓN, SIMULACIÓN O FALSIFICACIÓN DOCUMENTAL

Art. 390.1 CP *Será castigado con las penas de prisión de tres a seis años, multa de seis a veinticuatro meses e inhabilitación especial por tiempo de dos a seis años, la autoridad o funcionario público que, en el ejercicio de sus funciones, cometa falsedad:*

1.º Alterando un documento en alguno de sus elementos o requisitos de carácter esencial.

2.º Simulando un documento en todo o en parte, de manera que induzca a error sobre su autenticidad.

3.º Suponiendo en un acto la intervención de personas que no la han tenido, o atribuyendo a las que han intervenido en él declaraciones o manifestaciones diferentes de las que hubieran hecho.

4.º Faltando a la verdad en la narración de los hechos.

21.6. DEL JUICIO ORAL Y LA SENTENCIA

Los dictámenes que los litigantes dispongan, elaborados por peritos designados por ellos y que estimen necesarios o convenientes para la defensa de sus derechos, habrán de aportarlos con la demanda o con la contestación, sin perjuicio de lo dispuesto en el Art. 337 LEC.

El juicio comenzará practicándose, conforme a lo dispuesto en los Arts. 299 LEC y siguientes, las pruebas admitidas, pero si se hubiera suscitado o se suscitare la vulneración de derechos fundamentales en la obtención u origen de alguna prueba, se resolverá primero sobre esta cuestión. Asimismo, con carácter previo a la práctica de las pruebas, si se hubiesen alegado o se alegaren hechos acaecidos o conocidos con posterioridad a la audiencia previa, se procederá a oír a las partes y a la proposición y admisión de pruebas previstas en el Art. 286 LEC.

Art. 289 LEC. Forma de practicar las pruebas.

Art. 429 y 300 LEC. Interrogatorio y declaraciones de los peritos

Art. 433 LEC. Desarrollo del acto del juicio

Art. 336. LEC. Aportación con la demanda y la contestación de dictámenes elaborados por peritos designados por las partes.

Art. 785 LECrim.

1. En cuanto las actuaciones se encontraren a disposición del órgano competente para el enjuiciamiento, el Juez o Tribunal examinará las pruebas propuestas e inmediatamente dictará auto admitiendo las que considere pertinentes y rechazando las demás, y prevendrá lo necesario para la práctica de la prueba anticipada.

Contra los autos de admisión o inadmisión de pruebas no cabrá recurso alguno, sin perjuicio de que la parte a la que fue denegada pueda reproducir su petición al inicio de las sesiones del juicio oral, momento hasta el cual podrán incorporarse a la causa los informes, certificaciones y demás documentos que el Ministerio Fiscal y las partes estimen oportuno y el Juez o Tribunal admitan.

2. A la vista de este auto, el LAJ establecerá el día y hora en que deban comenzar las sesiones del juicio oral con sujeción a lo establecido en el Art. 182 LEC.

22. *Abreviaturas y glosario de términos frecuentes*

Podemos servirnos de diversos diccionarios, no obstante, considero necesario incluir, en esta guía, algunas definiciones de términos empleados en el ámbito de la Criminalística Documental y de la Grafología, que serán de utilidad en la comprensión de estas disciplinas:

A

- *ABREACCIÓN: Grado de apertura de los óvalos de las letras "a, d, g, o", etc.*
- *ACERADA: Escritura que presenta ataques y/o finales en punta acerada o aguda. En los ataques se genera el movimiento con rapidez inicial y poca presión, aumentando progresivamente. En los finales el trazo decrece conforme disminuye la presión ejercida.*
- *ACROFONÍA: Sistema de escritura fonética que consiste en la sustitución del nombre por sus letras iniciales.*
- *ADOPTADA: Escritura personal y diferenciada.*
- *ADULTERACIÓN: Alteración fraudulenta.*
- *AÉREA: Escritura de presión escasa o insuficiente.*
- *AFASIA: Trastorno del lenguaje que puede afectar a la expresión, comprensión verbal o la representación gráfica del lenguaje.*
- *AFEMIA: Trastorno en el uso del léxico.*
- *AGENESIA: Imposibilidad para generar ideas, asociaciones y juicios.*
- *AGITADA: Escritura alterada en su organización y dimensiones.*
- *AGNOSIA: Imposibilidad de entender la palabra ya sea hablada o escrita.*
- *AGRAFÍA: Pérdida de la memoria motriz gráfica, motivada por una lesión cerebral y que tiene como consecuencia el menoscabo o desaparición de la facultad de escribir.*
- *AGRUPADA: Escritura en que las letras se ligan en grupos dentro de las palabras.*
- *ALITERACIÓN: Cambio o sustitución de una letra por otra, lo que cambia su sentido, p. ej.: pisa por pesa.*
- *ALTERACIÓN: Modificación en un documento al agregar nuevos elementos y/o por supresión. Ver: FALSIFICACIÓN.*
- *ANALOGÍAS: Relación de correspondencia que en los escritos o firmas comparados que ofrecen las letras o desarrollos gráficos equivalentes o que tienen*

la misma posición relativa, que servirán para establecer su origen común y que afectan a los gestos-tipo y demás elementos que componen la escritura.

- *ANGULOSA: Cuando en la mayoría de las grafías que componen un escrito predominan desarrollos gráficos de formas angulosas.*
- *ANILLADA: Letras de óvalos en forma de doble anillo.*
- *ANTEFIRMA: Es la palabra o frase de cortesía que se emplea cuando se ha concluido la redacción de un documento administrativo. Como su nombre indica, precede a la firma del responsable de la comunicación. En la actualidad la fórmula más usada es "atentamente". Hay escritos que no llevan antefirma.*
- *ANTI-MODÉLICA: Ver escritura evolucionada.*
- *AP: Audiencia Provincial*
- *APOYADA: Aumento brusco de la presión en determinados trazos, produciéndose generalmente un mayor grosor, que resultan desproporcionados con relación al resto del trazado.*
- *APRETADA: Las letras en las palabras, se comprimen unas con otras, de forma que tienden a ocupar el menor espacio posible.*
- *ARCADA o ARCO: Algunas letras especialmente, las "m"," n", "s" y "u" presentan formas arqueadas. Ocurre también entre otras con ciertos trazos de las mayúsculas y barras de la "t".*
- *ARMÓNICA: La armonía es una perfecta concordancia entre el movimiento y el espacio gráfico. La escritura presenta regularidad en sus rasgos sin perder su espontaneidad en el trazado, son proporcionadas, claras, bien espaciadas y ejecutadas con un sentido natural del orden, tamaño, dirección e inclinación.*
- *ARPÓN: Cuando al inicio o final de letras, palabras o rúbricas se produce una pequeña inflexión en forma de ángulo con un movimiento regresivo. Aparece en los ataques o finales, el sentido de su ejecución es contrario al trazo o rasgo que le sigue o le precede.*
- *Art./Arts.: Artículo/s*
- *ARTIFICIAL: Formas singulares de las letras que no guardan parecido con los modelos convencionales.*
- *ASCENDENTE: Líneas de escritura orientadas hacia arriba.*
- *ATAQUE: Punto de contacto del útil escritural con la superficie donde se escribe justo al inicio.*
- *ATORMENTADA: Se caracteriza este tipo de escritura por una especie de agitación e inseguridad del movimiento en el desarrollo de las letras. El sujeto no puede avanzar de una manera controlada y segura. Los movimientos del grafismo aparecen deformados por constreñimientos, sacudidas, contorsio-*

nes, inseguridades y zozobras. Resultando letras incontroladas, impulsadas vacilantemente y otras inhibidas o replegadas sobre sí mismas.

- *AUTO-FALSIFICACIÓN: Proceso mediante el cual una persona realiza una escritura o firma realizando grafías y/o desarrollos, lo más diferentes posibles a los que habitualmente ejecuta, con el fin de eludir la responsabilidad derivada de su autoría. El falsario trata de enmascarar o deformar su propia escritura, utilizando una firma distinta a la habitual o simulando paradas o temblores que no tiene su firma y/o escritura, para simular una falsificación realizada por otra persona.*
- *AUTOMÁTICA: Repetición mecánica, automática de las formas y movimientos de las letras.*
- *AUTOS: Conjunto de actuaciones judiciales que recogen ordenadamente, por escrito o mediante grabaciones audiovisuales, el desarrollo de un proceso o de actuaciones procesales diversas, para que quede constancia y puedan ser examinadas por las partes.*

B

- *BAJA: mayúsculas y letras del hampa ("l", "b", "f", "h" "t", entre otras) más bajas de lo normal. Se refiere también a las barras de la "t" bajas.*
- *BLANDA: Movimientos muy curvos con déficit de presión y dinamismo.*
- *BOTÓN: Forma del punto de ataque o escape que adopta esa forma, como consecuencia de la parada que se produce al tomar contacto el útil con el papel o al finalizar la palabra, originado al realizar pequeños movimientos circulares que producen un engrosamiento en el inicio o final del rasgo.*
- *BRISADA: La escritura presenta interrupciones o roturas, más o menos extensas y frecuentes, debido a que el útil escritural pasa por encima sin marcar el papel. También se denomina escritura rota.*
- *BUCLADA: Letra formada mediante bucle o anillos.*
- *BUCLE, LAZADA O RIZO: Es el trazo ascendente en forma de rizo, puede ser en sentido de giro de las manecillas del reloj dextrógiro, o en sentido contrario levógiro.*
- *BUCHADA o CEGADA: Escritura cuyos óvalos y bucles aparecen cargados de tinta.*

C

- *CAJA DE ESCRITURA O CAJA CALIGRÁFICA: Es el espacio comprendido entre dos líneas imaginarias línea superior y línea inferior trazadas de forma tangente a las letras que no sobresalen ni por la parte superior ni por la inferior, como son la "a, e, i, o, u, c, m, n, ñ, r, s, v, w, x, z".*
- *CALIDAD GRÁFICA: Es el grado de destreza o habilidad gráfica, que se pone de manifiesto en una escritura original, rápida y de formas que han evolucionado del modelo caligráfico aprendido, es por tanto rica en gestos-tipo y fácilmente identificable.*
- *CALIGRAFÍA: El conjunto de rasgos que caracterizan la escritura de una persona, de un documento, etc. Arte de escribir con letra bella y correctamente formada. Escritura artística.*
- *CALIGRÁFICA: Cualidad de la escritura que reproduce fielmente el modelo escolar aprendido, sin introducir apenas modificaciones, estando en consecuencia, poco evolucionada. Los modelos caligráficos más extendidos son la escritura inglesa, la española, la italiana, la francesa, la redondilla y la gótica.*
- *CALÍGRAFO(A): Persona entendida en caligrafía, conjunto de rasgos característicos de la escritura de una persona, un documento o una época y/o practica bien la caligrafía.*
- *CALCO: Sistema de imitación por transparencia, papel carbón, grafito, punzón o pantógrafo.*
- *CAMBIANTE: Formas y movimientos que cambian de un escrito a otro y en ocasiones en el mismo escrito.*
- *CC; Código Civil.*
- *CCAA: Comunidades Autónomas*
- *CENTRÍFUGA: Movimientos desplazados con brío, o impetuosamente, en dirección hacia la derecha y arriba o hacia la derecha abajo.*
- *CENTRÍPETA: Movimientos encaracolados o con tendencia a volver sobre sí mismos, hacia la zona inicial.*
- *CERRADA: Movimientos cerrados en las letras de óvalos, tanto en mayúsculas como en minúsculas*
- *CGPJ: Consejo General del Poder Judicial.*
- *CIFRAS: Símbolos de los valores materiales.*
- *COLIGAMIENTO: Lo forman ángulos, arcos, bucles, etc.*
- *COMBINADA: La rapidez de la escritura conforma ligaduras o uniones anormales de los puntos, acentos finales o barras de la "t" con la siguiente*

letra. Estas ligaduras contribuyen a favorecer el ambiente estético y la originalidad del grafismo.

- *COMERCIAL: Escritura manuscrita que reproduce los modelos convencionales empleados por los contables y administrativos.*
- *COMPENSADA: Escritura que presenta hipertrofia en un sector e hipotrofia en el opuesto.*
- *COMPLICADA: La escritura tiene trazos innecesarios que no existen en el modelo caligráfico que dificultan su legibilidad.*
- *CÓNCAVA: Escritura de desplazamiento lineal ascendente y luego descendente, formando con su línea base una curva de concavidad superior.*
- *CONCENTRADA O COMPACTA: Reducción de los espacios que separan las palabras de las líneas.*
- *CONFUSA: Defectuosa distribución de espacios y movimientos. Ciertas letras o partes de letras ocupan el sitio de otras en las líneas de arriba o abajo, que dificultan su lectura.*
- *CONGESTIONADA: Ojos de las letras llenos de tinta.*
- *CONSTANTE: Los grafismos no presentan variaciones significativas comparando sucesivos escritos de la misma persona.*
- *CONSTREÑIDA: Avance dificultoso de los movimientos gráficos.*
- *CONTENIDA: Mesura y contención de los movimientos. Escritura inhibida, sin soltura ni espontaneidad.*
- *CONVEXA: Escritura de desplazamiento lineal ascendente y luego descendente, formando con su línea base una curva de concavidad inferior.*
- *CORRESPONDENCIA GRÁFICA: Conjunto de peculiaridades comunes, perfectamente correlativas en las diversas partes comparadas.*
- *COTEJO: Es la comparación de letras, textos y/o documentos, con el fin de confrontar el grado en que se corresponden.*
- *CRECIENTE: Escritura que va aumentando progresivamente de tamaño.*
- *CRIMINALÍSTICA DOCUMENTAL: Investiga las distintas formas de manipulación y falsificación de escritos y documentos cuestionados de todo tipo que se plasmará en un dictamen contenido en un informe pericial. Aplica métodos científicos e investiga los indicios y evidencias de un hecho criminal con el fin de esclarecer y determinar las circunstancias, causas y autoría del mismo.*
- *CRIMINOLOGÍA: Es la ciencia social que estudia las causas y circunstancias de los distintos delitos, la personalidad de los delincuentes y el tratamiento adecuado para su represión.*

- *CRIPTOGRAFÍA: Escritura en clave. Arte y técnica de escribir con sistemas o claves secretas o de modo enigmático, de tal forma que solamente sea inteligible para quien sepa descifrarla.*
- *CUADRADA: Letras "m", "n" y "u" con la base cuadrada.*
- *CUIDADA: Pulcritud y precisión en los signos secundarios, puntos, acentos, barras de la "t" entre otros, unido al orden general de los grafismos.*
- *CUÑO: Ver sello.*
- *CURSIVA: Letra realizada a mano muy ligada al escribir de prisa. Letra minúscula.*

D

- *DESCENDENTE: Las letras descienden en recorrido hacia el margen derecho.*
- *DESCUIDADA: Desorden y omisiones en los signos secundarios (puntos, acentos,*
- *DESIGUAL: Variaciones más o menos importantes y numerosas en los diversos aspectos gráficos de la escritura. Pueden ser, entre otras de dimensión, presión, tensión, inclinación, forma, rapidez, dirección y continuidad.*
- *DESLIGADA: Letras separadas en las palabras.*
- *DESORDENADA: Defecto de presentación, de distribución y organización del texto de la página.*
- *DEXTRÓGIRO: Movimiento gráfico circular a la derecha, como las manecillas del reloj.*
- *DIBUJADA: Tendencia a dibujar las letras, bien sea imitando las formas tipográficas o bien otras formas más o menos caligráficas u originales. A veces el sujeto intercala dibujos entre el texto o por los márgenes.*
- *DICTAMEN: Resumen de las conclusiones del informe pericial, debe ser claro, breve, rotundo y concluyente.*
- *DILATADA: Letras más anchas que altas. Las letras de hampa y jamba son bucles ensanchados.*
- *DINÁMICA: Escritura realizada con fuerza, energía, rapidez y decisión. Los movimientos avanzan sobre el espacio gráfico con fuerte impulso y amplitud y sin ninguna clase de inhibición atendiendo su fuerza dinámica.*
- *DIPLOMÁTICA: Estudio científico de los diplomas y otros documentos antiguos, de cara a establecer su autenticidad o falsedad.*
- *DISCORDANTE: Escritura con variaciones bruscas en el mismo texto y en sus aspectos grafonómicos.*

- *DISFRAZADA: Escritura desfigurada o deformada de propio intento, para que no sea reconocida. Es propia de los anónimos y de las firmas auto-falsificadas.*
- *DISGRAFÍA: Grafismo desorganizado. Deformación o alteración de las formas gráficas.*
- *DISTANCIA: Puede distinguirse entre inter-literal, inter-vocabular e interlineal.*
- *DOCUMENTO: Escrito en que constan datos fidedignos o susceptibles de ser empleados como tales para probar algo. Art. 26 CP "...todo soporte material que exprese o incorpore datos, hechos o narraciones con eficacia probatoria o cualquier otro tipo de relevancia jurídica".*
- *DOCUMENTOLOGÍA = DOCUMENTOSCOPIA: Conjunto de procedimientos científicos y técnicos aplicados a la investigación del documento, con el fin de demostrar su naturaleza, origen, medios materiales con que se realizó e identificar, si fuese posible al autor. (INTERPOL). Es una rama de la Criminalística Documental.*
- *DOMINIO ESCRITURAL: Habilidad gráfica que posee una persona que se manifiesta en la ejecución de formas gráficas variadas, muy evolucionadas y realizadas con rapidez y dinamismo.*
- *DUCTUS: Son los movimientos de los dedos, de la mano, muñeca y brazo que definen el trazado de las letras. Es el número, orden y dirección de los trazos. Estos tres elementos constituyen la esencia de la escritura, siendo a su vez una de las reglas de oro de la caligrafía.*

E

- *EJE LITERAL: Línea imaginaria que atraviesa las letras y signos longitudinalmente de arriba abajo.*
- *EMPASTADA: Trazado pastoso, lento, excesivamente cargado de tinta.*
- *ENLACES: Uniones de unas grafías con otras. Se producen por la fusión del rasgo final de una grafía con el inicial de la siguiente de la misma palabra, o incluso de la palabra siguiente. Pueden ser de forma angulosa o curva.*
- *EPIGRAFÍA: Inscripción documental. Ciencia cuyo objeto es conocer e interpretar las inscripciones.*
- *EQUILIBRADA: Ver armónica. Equilibrio de las formas, de movimientos y de espacios.*
- *ESCALONADA EN ASCENSO: Palabras con letras finales en ascenso.*
- *ESCALONADA EN DESCENSO: Palabras con letras finales en descenso.*

- *ESCAPE: Parte final de las firmas, letras o números que se produce cuando el útil deja de hacer contacto con el soporte escritural.*
- *ESCRITURA AGITADA: Escritura alterada en su organización y/o dimensiones.*
- *ESCRITURA AGRUPADA: Palabras unidas entre sí en grupos de dos, tres o más letras.*
- *ESCRITURA ANGULOSA: Tipología de escritura que sustituye las curvaturas caligráficas por ángulos.*
- *ESCRITURA APÓGRIFA: Escrito supuesto, falso o fingido.*
- *ESCRITURA APOYADA: Escritura de trazos fuertes con presión vigorosa.*
- *ESCRITURA APRETADA: Escritura con espaciamientos reducidos respecto al modelo estándar, las letras destacan por ser más altas que anchas.*
- *ESCRITURA ARMÓNICA: Escritura que destaca mesura, estética y ritmo.*
- *ESCRITURA ARTIFICIOSA: Tipo de escritura adornada en exceso.*
- *ESCRITURA ASIMÉTRICA: Desproporción entre el comienzo y el final de las palabras y/o renglones.*
- *ESCRITURA COETÁNEA: Muestras de escritura realizadas en un período de tiempo próximo, anterior y posterior a la fecha del documento cuestionado. Son imprescindibles para poder realizar el cotejo pericial.*
- *ESCRITURA EMPASTADA: Con trazado lento, excesivamente cargado de tinta.*
- *ESCRITURA ESPONTÁNEA: Cualidad de la escritura realizada con fluidez y normalidad y que no presenta alteraciones de ningún tipo como, retoques, reenganches, correcciones y paradas innecesarias. La escritura se manifiesta alterada por los efectos de drogas, emociones, enfermedades o nerviosismo.*
- *ESCRITURA EVOLUCIONADA: Escritura que ha introducido destacadas y notorias modificaciones, respecto del modelo escolar aprendido.*
- *ESCRITURA EXTENSA: Escritura dilatada en la cual las letras son más anchas que altas.*
- *ESCRITURA FESTONEADA O EN GUIRNALDA: Las "m" y "n" se transforman en "u"*
- *ESCRITURA FLOJA: Escritura con déficit de tensión en los movimientos, el trazo es débil.*
- *ESCRITURA SENIL: Característica de algunas personas mayores que tiene como manifestación gráfica más significativa los temblores verticales y horizontales y la forma cuadrangular de los óvalos en su base.*
- *ESCRITURA VULGAR: Escritura de formas toscas y sin armonía.*
- *ESPACIADA: Palabras que se separan entre ellas más la anchura de una "m" del tipo de escritura utilizado.*

- *ESTAMPILLA: Sello de correos o fiscal. Sello que se moja en tinta para estamparlo en ciertos documentos, que contiene reproducción de la firma o rúbrica de una persona y/o un letrero.*
- *ESTILIZADA: Estilización y originalidad en las formas de las letras.*
- *ESTRECHADA: Las mayúsculas y las letras de hampa y jamba tienden a estrecharse.*
- *EXTENSOR: Movimientos realizados por la mano alejándose del cuerpo. Son poco presionados por la dificultad que implica su ejecución.*

F

- *FACSÍMIL: Reproducción fiel de un grafismo por medios mecánicos, físicos o químicos. Ediciones bibliográficas similares a originales.*
- *FALSIFICACIÓN: Acción y efecto de falsificar o alterar un documento auténtico, público, comercial o privado, en sellos, timbres, marcas, moneda, etc. Modificación en la redacción, hecha de mala fe con el fin de perjudicar a otro, eludir una responsabilidad o librarse de una obligación. La adición o supresión de algún dato o elemento en un documento auténtico, mediante la manipulación del soporte y/o de su contenido.*
- *FALSILLA: Hoja de papel con líneas paralelas equidistantes muy marcadas, que se pone bajo la hoja donde se va a escribir, de tal forma que al transparentarse sirve de guía al escribiente.*
- *FASE: Ver movimiento escritural.*
- *FESTÓN O GUIRNALDA: Letras realizadas con curvas inferiores en forma de ondas.*
- *FILIFORME: Escritura en que las letras no tienen ni hampa ni jamba. Generalmente las "m" y "n" son sustituidas por un trazo recto con ligeras ondulaciones*
- *FILIGRANA: Marca de agua empleada por algunos fabricantes de papel como distintivo propio. Es un sello de seguridad.*
- *FIRMA, RÚBRICA Y VISÉ: La firma es el signo distintivo propio, el emblema que nos representa ante los demás, manifestándose como un conjunto de gestos habituales, elegidos libremente por el manuscribiente. Las dos primeras son terminologías empleadas habitualmente de forma sinónima. Nombre, apellido(s) y rúbrica, con que una persona "afirma" lo descrito en un documento. La rúbrica propiamente dicha, es un texto ilegible a modo de un dibujo y el visé es una rúbrica muy sencilla propia de personas que firman a diario multitud de documentos, suele acompañarse de un sello.*

- *FLEXOR: Movimiento que la mano realiza acercándose al cuerpo. Su ejercicio implica poco esfuerzo por lo que suele manifestar más presión que el movimiento extensor.*
- *FLOJA: Déficit de tensión, de dinamismo, y de firmeza en los movimientos.*
- *FRAGMENTADA, FRACCIONADA O ROTA: Escritura cuyas letras se construyen con grammas independientes y separados.*
- *FUSIFORME: La escritura "fusiforme" o espasmódica, cuando la presión aumenta bruscamente en el recorrido del trazo, es decir, cuando se engruesa y adelgaza dentro del mismo trazo.*

G

- *GANCHO: Movimiento al inicio o final de letra o trazo que presenta forma de curva.*
- *GESTOS-TIPO O PECULIARIDADES DE IDENTIFICACIÓN DE MANUSCRITOS: Son los modismos escriturales que, apartándose del modelo aprendido, diferencian los escritos de un individuo, dotándoles de su impronta personal.*
- *GLADIOLADA: Escritura en la que las palabras o las letras decrecen en altura y anchura hacia el final, hasta el punto en que se pueden llegar a sustituir por trazos filiformes.*
- *GORDA: Escritura lenta, de trazo grueso, sin presión ni profundidad.*
- *GRAFISMO: Cada una de las particularidades de la letra de una persona, o el conjunto de todas ellas.*
- *GRAFÍSTICA = GRAFOSCOPIA: Estudia las particularidades gráficas mediante el cotejo de textos DUBITADOS e INDUBITADOS, manuscritos o realizados con impresión mecánica al objeto de averiguar su autenticidad y/o determinar su autoría, mediante el análisis de la escritura, de cada grafismo y su relación con los demás.*
- *GRAFOCRÍTICA: Parte de la grafotecnia que tiene por objeto el estudio de la autenticidad del documento moderno, es decir desde el siglo XVI. La grafocrítica y la diplomática estudian la autenticidad de los documentos. La grafocrítica basa el estudio desde principios psicológicos y fisiológicos mientras que la diplomática parte de conocimientos históricos.*
- *GRAFOLOGÍA: Mediante el estudio de la escritura y la firma, trata de establecer determinadas cualidades psicológicas y del carácter del escribiente. Debería según el caso, completarse con estudios psicológicos y/o lingüísticos.*

- *GRAFOMANÍA: Perturbación mental que mueve al sujeto a trazar garabatos, signos y rayas de forma incontrolada.*
- *GRAFOTECNIA: En algunos países éste término se utiliza en lugar de Pericia Caligráfica. Es una disciplina inter-científica orientada a determinar la autenticidad, falsedad o alteración de un documento dubitado y/o la identidad de su autor. Es una ciencia experimental que forma parte de la criminalística, mediante el empleo de métodos científicos y técnicas específicas como la lingüística forense, la psicología y la grafología. La denominación más apropiada del resultado sería "INFORME PERICIAL GRAFOTÉCNICO"*
- *GRANDE: Cuando la parte central de los grafismos que se estudian sobrepasa los tres milímetros de altura.*
- *GUIRNALDA: Ver escritura festoneada.*

H

- *HAMPAS: Parte superior de las letras "b", "d", "l", "t" y de la "f" hasta la zona media.*
- *HOMOGÉNEA: La escritura que presenta la misma morfología general y las mismas peculiaridades, sin que se adviertan en ella diferencias destacables.*
- *HOMOTECIA: Todos tenemos un "zoom gráfico" fijado en el cerebro, que nos permite ajustar la dimensión de nuestra firma al espacio que disponemos para ejecutarla, conservando siempre iguales proporciones.*

I

- *IDIOTISMOS: Peculiaridades grafonómicas. Conjunto de rasgos o signos típicos que caracterizan la escritura de cada persona.*
- *IMITACIÓN SERVIL: Consiste en la copia directa de una firma o escritura que se quiere falsificar, sin ejercitación previa, teniendo a la vista el original con el fin de obtener el resultado lo más parecido posible. El falsario se fija sobre todo en los elementos externos más destacados, las formas de las letras, consiguiendo un dibujo bastante parecido, pero dejando numerosos rastros de su acción, ya que aparecerán interrupciones, retoques, trazado lento, presionado y sin espontaneidad.*
- *IMPRONTA O SURCO LATENTE: Huella que deja el útil escritural, en el papel donde se escribe y/o, sobre el que está debajo sirviendo de apoyo y/o*

copia. Destacará según la presión ejercida en cada momento. Se aprecia, incluso al tacto, en blocs de notas, agendas, talonarios de albaranes, etc.

- *INFORME PERICIAL: Su fin es presentar e ilustrar de forma pormenorizada a las partes y al juzgador, todos los estudios, cotejos, experimentos e investigaciones realizados por el perito, de forma sistematizada, mostrando al final las conclusiones y el dictamen al que ha llegado*
- *INTERPOLACIÓN; Alteración aditiva o por agregación. Intercalación de elementos gráficos en un texto.*
- *INVERTIDA: Las letras se inclinan hacia la izquierda, hacia atrás.*

J

- *JAMBA: Parte inferior de las letras que tienen trazos descendentes como "f", "g", "j", "y", "p".*

L

- *LAJ: Letrado de la Administración de Justicia*
- *LEC: Ley de Enjuiciamiento Civil*
- *LECrim: Ley de Enjuiciamiento Criminal*
- *LEYES DE LA ESCRITURA: Son las normas que establecen el fundamento científico del gesto gráfico.*
- *LIGADA: Enlace o trazo de unión de unas letras con otras. Generalmente se produce en las minúsculas.*
- *LIGERA: Escritura de trazo fino, debidamente apoyado.*
- *LIMITANTE VERBAL O TANGENTE VERBAL: Línea que va tocando por abajo las letras no sobresalientes. La forma que adopta puede ser, recta, cóncava, convexa, escalonada o imbricada.*
- *LÍNEA DE BASE: Es la recta tangente que une la primera y la última letra de una palabra.*
- *LÍNEA DE PAUTA: Es la línea recta que contienen los cuadernos que sirve de guía para ejercitar la escritura manual.*
- *LÍNEA DEL RENGLÓN: No confundir con la anterior, aunque a veces en todo o en parte coinciden. Es la línea inferior que realmente siguen las palabras que la componen. Lo más frecuente es que la línea de renglón presente una forma sinuosa.*

M

- *MANO HÁBIL: La mano con la que el escribiente ejerce la escritura. Diestro, zurdo o ambidiestro. Hay casos especiales de escribientes con otros miembros del cuerpo. Es necesario citarlo en la toma de cuerpos de escritura.*
- *MARCA DE AGUA O FILIGRANA*: Señal o marca en el papel al tiempo de fabricarlo. Es un elemento de seguridad utilizado en sellos, billetes de banco y en algunos papeles e impresos. Consiste en diferencias de densidad y del espesor del papel que causan variaciones en su opacidad. El conjunto de las citadas marcas, forman una imagen, integrada en el papel, que es visible a contraluz y presenta también un relieve palpable.
- *MAZAS: Engrosamiento paulatino hacia un extremo del trazo o rasgo por exceso de presión. Son destacables en los ataques y finales.*
- *METÓDICA: Escritura regular, sobria y bien organizada.*
- *MODÉLICA: Ver caligráfica.*
- *MONÓTONA: Repetición mecánica, automática, uniforme, tranquila y estereotipada de los caracteres gráficos.*
- *MOVIDA: Los movimientos acusan la vivacidad y movilidad de impulso, así como el dinamismo y a veces la agitación del escritor.*
- *MOVIMIENTO ESCRITURAL: Es el conjunto secuencial de trazos que se realizan sin levantar el útil del soporte o papel donde se escribe.*

N

- *NORMA CALIGRÁFICA: Conjunto de reglas que debe seguir la escritura correctamente desarrollada y que sirven de punto de referencia.*

O

- *OJAL: Desarrollo gráfico semejante al óvalo, pero de tamaño muy reducido y que va incorporado en algunas letras.*
- *OMISIONES: Ausencia entre otras de puntos, acentos, diéresis, barras de "t".*
- *ÓVALO: Es el ojo que conforman las letras "a", "o", "b", "d", "g", "p".*
- *OPERADORES JURÍDICOS: Son parlamentarios, notarios, jueces, fiscales, funcionarios, abogados, graduados sociales, procuradores los integrantes de*

despachos de defensa o consultoría y demás profesionales que ofertan sus conocimientos y habilidades jurídicas en el litigio, mediación, la certificación, el peritaje, la gestoría, etc.

P

- *PALEOGRAFÍA: Ciencia de la escritura y de los signos y documentos antiguos.*
- *PARQUINSONIANA: Escritura propia de las personas que padecen demencia senil o la enfermedad de Parkinson. Presentan como características gráficas comunes presión irregular y débil, tamaño pequeño, letras apretadas, comprimidas, trazos irregulares, oscilantes, disminución progresiva del tamaño de las letras y lentitud de ejecución con paradas que aumentan progresivamente con el avance de la enfermedad.*
- *PASTOSA: Escritura de rasgos y trazos gruesos y blandos y contornos mal delimitados. El abundante flujo de tinta provoca que los trazos ascendentes sean también gruesos y que los bucles aparezcan emborronados o rellenos de tinta.*
- *PAUTA: Es el conjunto de, al menos, dos líneas paralelas sobre el que se ejecutan las letras en caligrafía. Se aplica al papel pautado o en cuadrícula.*
- *PEQUEÑA: La dimensión de las letras interiores es inferior a 2.5 mm de altura.*
- *PERFILES O ASCENDENTES: Desarrollos gráficos ascendentes que se realizan con un movimiento extensor y que son de menor presión que los plenos.*
- *PERICIA CALIGRÁFICA: El conjunto de técnicas, estudios científicos y/o grafológicos orientados a la identificación del autor de cualquier tipo de documento y/o escrito cuestionado y del soporte empleado, mediante el cotejo de la(s) muestra(s) INDUBITADAS con la(s) DUBITADA(S). El informe pericial lo realiza el perito calígrafo. Ver "calígrafo"*
- *PESADA O GORDA: Escritura de trazo grueso, sin presión, sin dinamismo y sin profundidad.*
- *PLENO O GRUESO: Desarrollos gráficos descendentes que se realizan con un movimiento flexor de la mano. También se les llama gruesos por ser más presionados que los ascendentes.*
- *POLIMORFISMO GRÁFICO: Particularidad que puede aparecer en la escritura de una persona al realizar una misma grafía con formas diferentes. También puede darse en firmas, al utilizar la persona diferentes firmas.*

- *POS-FIRMA: Es el texto que identifica al responsable de un escrito. Puede estar compuesta por la profesión o grado académico, nombre, apellidos y cargo que desempeña.*
- *PRECIPITADA: El sujeto escribe con la mayor velocidad que puede alcanzar.*
- *PRESIÓN: Es la fuerza aplicada con el útil sobre el soporte escritural. Generalmente la presión ejercida es variable dando lugar a diversos contrastes que son perfectamente identificables.*
- *PROCEDIMIENTO JUDICIAL: Conjunto de actuaciones que se desarrollan ante un órgano jurisdiccional o asimilado, en aquellos supuestos en que se lo habilita para desarrollar determinadas actividades que deberán ser objeto de posterior incorporación conforme a lo previsto legalmente. Su decurso se encuentra regulado pormenorizadamente.*
- *PROFUNDA: Trazo firme, tenso, en que el útil incide sobre el papel marcando un cauce muy marcado.*
- *PROGRESIÓN CONTENIDA: Ver contenida.*
- *PROGRESIVO O DEXTRÓGIRO: Movimiento circular en dirección a la derecha como las agujas del reloj.*
- *PROPORCIONADA: Manifiestan equilibrio y proporción las dimensiones de las letras.*
- *PUNTO DE ATAQUE: Es el primer movimiento gráfico que se produce al contactar el útil escritural con el soporte o papel, en el principio de cada letra, de los números o de la rúbrica. Puede presentar gran variedad de formas.*
- *PUNTO DE ESCAPE: Es el lugar donde termina un trazo o movimiento hasta que el útil deja de contactar con el soporte o papel.*

R

- *RASGO: Movimiento gráfico que une un trazo con otro y que no constituye la parte esencial de la letra, el cual obedece en esencia, a un principio ornamental. Por su posición se clasifican en iniciales, de enlace y finales y por su forma en rectos, curvos y mixtos.*
- *RASGOS INVISIBLES: Son aquellos signos o elementos gráficos poco aparentes, que el falsificador no suele captar. Como los puntos de ataque y escape, los signos de puntuación, la limitante verbal, los cuatro márgenes y la organización general del escrito.*
- *RD: Real Decreto.*

- *REBAJADA: Las mayúsculas y letras de hampa "l" "b", "h", "t", "f", entre otras, tienen muy poca altura y apenas sobresalen por encima de las letras de la zona media del grafismo.*
- *RECTILÍNEA: Se llama también horizontal o alineada. Las líneas son horizontales y forman un ángulo de 90° con el margen derecho o izquierdo del papel.*
- *REGRESIVO, SINISTRÓGIRO, LEVÓGIRO: Movimiento circular en sentido contrario a las agujas del reloj.*
- *REGULARIDAD: Cualidad que presenta un escrito cuando las formas de las letras y la separación de las palabras y renglones se ajustan a la norma caligráfica, dando al conjunto del escrito una sensación de equilibrio y uniformidad.*
- *RELIEVE: Cualidad de la escritura cuando se produce una sucesión equilibrada de plenos y perfiles, como consecuencia de las variaciones de la presión ejercida. El relieve embellece la escritura.*
- *RELLENADA; Ver anillada.*
- *REPASADA: Escritura sobre la que se ha vuelto a escribir, es similar al calco, anula la espontaneidad del escrito, no se pueden valorar los gestos-tipo.*
- *RETARDADA: Lentitud de ejecución provocada por esmero excesivo, ornamentos de las letras, retoques muy frecuentes, fragmentaciones y detenciones, entre otras características.*
- *RÍTMICA: Movimiento espontáneo, libre, sin trabas un ir y venir en el trazado de las letras, sin perturbaciones, ni detenciones o saltos bruscos. Una escritura rítmica se traduce en una sucesión armoniosa de las formas gráficas dispuestas en el escrito.*
- *RÚBRICA: Es el trazo que adorna y a veces envuelve a la firma propiamente dicha. También puede ser el signo con el que la persona se identifica. Las formas que puede adoptar son muy variadas. Hay personas que practican diversas firmas. Cuando forma parte de la firma, hay quien la estampa antes o después de su nombre, a modo de contraseña. Adquiere gran relevancia en la identificación del autor, ya que es un signo espontáneo e inconsciente, que no se sujeta a reglas caligráficas que se dan casos en el falsificador incluye su propia rúbrica.*

S

- *SACUDIDA: Desigualdades bruscas de forma, dimensión, presión y/o tamaño de la escritura.*

- *SELLO: Cuño. Es el instrumento que autentica o legaliza el escrito que se envía, refrenda la firma del responsable de la comunicación. Puede ser de distintas formas, disposiciones y colores. Es de gran interés en el estudio de documentos antiguos.*
- *SENCILLA: Escritura desprovista de adornos o rasgos superfluos, excéntricos o sobre elevados.*
- *SIMPLIFICADA: Escritura que se realiza con las formas básicas de las letras, pero que sigue siendo legible.*
- *SINGULARIDAD: Particularidad gráfica que representa una letra determinada o el conjunto de un escrito, que sirve para distinguirlo de los demás.*
- *SINUOSA: Las líneas oscilan de manera ondulada o serpenteante.*
- *SOBREALZADA: Las letras o partes de las letras exageran sus dimensiones hacia lo alto de la página.*
- *SOBRIA: Escritura de dimensiones y proporciones moderadas.*
- *SURCO LATENTE: Ver impronta.*

T

- *TANGENTE VERBAL: Ver limitante verbal*
- *TEMBLOR: Alteración que se puede producir en los trazos y rasgos de la escritura. Puede producirse por causas naturales o fraudulentas. Entre las naturales los más característicos son los derivados de toxicomanías, los nerviosos, el senil y el provocado por la enfermedad de Parkinson. Los temblores naturales se muestran constantes a lo largo de todo el escrito. Por el contrario, los fraudulentos son irregulares, aumentando en las curvas, en los trazos largos y en los ascendentes, tendiendo a desaparecer en los descendentes y en los comienzos y finales.*
- *TENSA: Escritura realizada con decisión y rapidez que presenta movimientos gráficos tirantes, rectos, firmes y seguros, sin ondulaciones.*
- *TESTAMENTO OLÓGRAFO: Testamento o memoria testamentaria realizado de puño y letra por el testador.*
- *TINTA: Fluido de diversos colores que se emplea para escribir. Compuesto generalmente por tres elementos. Pigmentos, que pueden ser de origen natural o químico. Vehículo, es el fluido donde están disueltos los colorantes y por último el fijador que permite la adhesión de los pigmentos al papel o al soporte.*
- *TIPOGRÁFICA: Las letras imitan los caracteres de imprenta.*
- *TRAZO: Cada una de las partes en que se considera dividida la letra hecha a mano, según el modo de formarla. El recorrido que realiza el útil de escritu-*

ra manual en un solo impulso. La línea mínima que sirve para identificar la letra y que constituye la parte esencial dela misma. Puede ser recto, curvo, mixto. El curvo puede ser cóncavo o convexo. Unos trazos son firmes y profundos y otros flojos o superficiales, sin presión. Por lo general se realiza sin levantar el útil y en un solo movimiento escritural.

- *TRUNCADA: Escritura de trazos incompletos, los cuales no llegan a terminar la forma de unas letras con otras.*

U

- *UNIDAD DE ACTO: Dos acepciones. 1.-Cuando no es coincidente la fecha que figura con la fecha real en que se realizó el documento o se estamparon las firmas, entonces no hay unidad de acto. 2.- RAE Previsión legal de que las diversas formalidades exigidas para un acto jurídico se cumplan en el mismo momento, sin interrupción temporal, salvo la que pueda venir motivada por algún accidente pasajero.*
- *UNIFORME: Igualdad y monotonía en las dimensiones de las letras y/o en el trazado.*
- *ÚTIL: El instrumento utilizado para escribir en cada supuesto, habitualmente, lápiz, pluma, bolígrafo, etc.*

V

- *VACILANTE: Escritura de movimientos inseguros.*
- *VERSALES: Nombre que reciben las letras mayúsculas.*
- *VIRGULILLA: Cualquier signo ortográfico con forma de coma o rasguillo, como el apóstrofo, la cedilla, la tilde de la "ñ" y la raya de las abreviaturas.*
- *VISÉ: Rúbrica de trazo abreviado que se realiza en un solo movimiento escritural y que se emplea para dar conformidad o visto bueno. En ocasiones va acompañada de un sello de cuño con antefirma.*
- *VOLUTA: Adorno en forma de espiral que presentan algunas letras, generalmente al comienzo o al final.*

Z

- *ZONAS: Área de recorrido de las letras en el espacio gráfico.*

23. Bibliografía

Albarracin, Roberto - *Manual de Criminalística* – E. Policial – Buenos Aires - 1971

Alonso Benito, Mª Ángeles – *Comunicación: Falsedad en documento Privado* - Abogada - Perito Calígrafo - Col. ANPEC Nº 131- Publicado en *www.anpec.es*

Anton (de) y Barberá, Francisco & Méndez Baquero, Francisco – *Análisis de Textos Manuscritos, Firmas y Alteraciones Documentales* – Ediciones Tirant lo Blanch – Valencia - 2005

Balbuena Balmaceda, José – *Firmas Auténticas y Detección de Firmas Falsas* – AIEED - INTERPOL –París - 2009

Bonilla, Carlos - *Tratado de Documentología* - Ediciones La Rocca – B. Aires - 2005

Centro Cervantes Virtual – *www.cvc.cervantes.es*

Cavalli Julio – *Diversos artículos publicados en su web*

Del Piccia, José y Celso – *Tratado dedocumentoscopia. La falsedad documental* – Edic. La Rocca – B. Aires – 1993

Del Val Latierro, Félix –*Grafocrítica. El documento, la escritura y su proyección forense* – Ed. Tecnos – Madrid - 1963

Dienstein, William - *Manual técnico del investigador policíaco,* trad. Carlos Fernández Ortiz – México – 1965

EEEI - Equipo multidisciplinar europeo – Borrador - *Guía de buenas prácticas de la pericia judicial civil en la Unión Europea*– Bruselas – 2015

Espino Bermell, Carlos – Tesis Doctoral: *El testamento ológrafo. La importancia de la escritura y la firma del testador. El cotejo pericial de letras–uco.es/publicaciones - 2016*

Martín Ramos, Rafael - *Documentoscopia: Método para el peritaje científico de documentos* – Ed. La Ley–2010

Orellana de Castro, Juan F. y Rafael – Diversos artículos – Abogados y peritos calígrafos

Peces-Barba Martínez, Gregorio – *Los operadores jurídicos* –Catedrático de Filosofía del Derecho – U. Complutense – Madrid – 1986

Queralt Sheila, Garayzábal Elena, Reigosa Mercedes – Fundamentos de la lingüística forense – E. Síntesis – Madrid - 2019

Queralt, Sheila – *Atrapados por la lengua* – Larouse Editorial – Barcelona - 2020

Robles Llorente, M. Ángel & Vega Ramos, Antonio - *Grafoscopia y Pericia Caligráfica Forense* - E. Bosch – 2009

Ruiz Álvarez, Fernando F. (Presidente de ANPEC) –*El Testamento Ológrafo: su problemática legal y pericial* – Curso de Formación Interna - 2022

Simón Alonso, José Javier – *El Gran Libro de la Grafología* – Círculo de Lectores – 1992

Velásquez Posada, Luis G.- *Falsedad Documental y Laboratorio Forense* - Ed. La Rocca - 2013

Vels, Augusto – Diccionario de grafología y términos psicológicos afines – Ed. Herder - 1983

Viñals Carrera, F y Puente Balsells, M.L. - *Psicodiagnóstico por la escritura* –Ed. Herder - 2006

24. Conclusiones e ideas constructivas

Nos encontramos con peritos que engrosan sus informes con abundantes referencias curriculares citando títulos de dudosa procedencia. Algunos ignoran o prescinden de las normas doctrinales, las leyes de la escritura, los requisitos mínimos de idoneidad de las muestras para el cotejo, infringiendo las mínimas normas de calidad.

Así mismo nos encontramos con informes redactados con un lenguaje estereotipado e ininteligible, que el juzgador más ilustrado es incapaz de entenderlo.

Hay profesionales que no se reciclan, no actualizan sus conocimientos, persistiendo en su ignorancia. Ocurre que quien aprende mal persiste en sus errores indefinidamente.

Un ejemplo reciente y penoso: algunas fotos incluidas en un informe de un calígrafo, que actuaba por designación judicial, recordaban las *"fotos de satélite"*, que contribuyeron a *"la crisis de las armas de destrucción masiva de Irak"*, además con flechitas de colorines incluidas. Por supuesto que nadie entendió su informe.

Para realizar las observaciones y cotejos, los documentos han de someterse a métodos de exploración científicos, a veces complejos. La experiencia nos demuestra que determinados peritos no están capacitados, ni cuentan con el equipamiento técnico necesario. Esto debe cambiar por el bien de la justicia y por la dignificación de nuestra profesión.

Afortunadamente contamos en España con centros de formación y reciclaje de reconocido prestigio entre los que destacan **www.psicograf.com, www.grafopericial.es, www.grafopec.com, www.iecfs.eu y www.aedeg.es**

También organizan eventos formativos algunas asociaciones de peritos, de forma ocasional o periódica como La Jornada de Grafística y Documentoscopia Forense organizada por la Asociación Nacional de Expertos en Grafística y Documentoscopia en 2019 o el reciente Congreso Internacional del Documento Escrito organizado por la Asociación Galega de Peritos Xudiciais e Forenses.

En lo referente a los cuerpos de escritura en presencia judicial la LEC Art. 350.3 les da las atribuciones para la toma de cuerpos de escritura "*... para que forme cuerpo de escritura, que le dictará el tribunal o el LAJ*".

- ¿Están cualificados para hacerlo? ¿Qué protocolo deben seguir? ¿Sería conveniente que estuviera presente y dirigiera la toma de cuerpo de escritura un perito calígrafo? Cuando el perito es de "designación judicial" la necesaria presencia de dicho perito lamentablemente no está garantizada.
- No todo está perdido, los letrados personados en la causa pueden solicitar asistir al acto de la toma de cuerpos de escritura acompañados de los peritos nombrados por las partes que lo soliciten.
- En España no se están considerando criterios de calidad, ni programas formativos para funcionarios de justicia, en relación con la Criminalística Documental. Serían especialmente necesarios para los juzgadores, fiscales, LAJ y funcionarios en los que suelen delegar.
- El Art. 348 de la LEC y 741 LECrim. "*...el tribunal valorará los dictámenes periciales según las reglas de la sana crítica*". Ésta expresión recurrente en la legislación, significa que el tribunal puede valorar libremente la prueba pericial, sin considerar el contenido del dictamen y a su vez supone que, al dictar sentencia no tiene porqué fundamentarla en él. ¿Qué les parece?
- Algunos calígrafos para poder subsistir, compatibilizan su trabajo con otras especialidades forenses o dentro del ámbito de los operadores jurídicos, ya mencionados.
- Los calígrafos deberíamos ampliar nuestros conocimientos con otras materias complementarias de la criminalística documental como la óptica, la espectrografía, la fotografía científica, la informática, la química, etc.
- En nuestra Asociación estamos en ello, todos los años, al menos realizamos un curso.
- A la vista de lo expuesto es necesario modificar las normativas vigentes para lo que sería imprescindible que los legisladores consultaran con los peritos y estudiosos del derecho.

Podríamos resumir esta guía en las siguientes ideas:

"QUEDARSE SIEMPRE CON COPIA DEL DOCUMENTO QUE SE HA FIRMADO ASEGURÁNDOSE QUE CONTENGA EL LUGAR Y LA FECHA Y CON MÁS MOTIVO SI SE ESTAMPÓ LA FIRMA EN TABLETA DIGITALIZADORA O MEDIANTE FIRMA DIGITAL"

"SOLICITAR INFORME VERBAL DE VIABILIDAD DE SU CASO"

"UN INFORME PERICIAL BIEN ARGUMENTADO EN MULTITUD DE OCASIONES PUEDE AYUDAR A LAS PARTES A LLEGAR A UN ACUERDO SATISFACTORIO, EVITANDO INICIAR UN PROCEDIMIENTO JUDICIAL, DE INCIERTAS CONSECUENCIAS"

"EN EL MOMENTO EN QUE EL LETRADO RECIBE EL TRASLADO DE COPIAS DEL ESCRITO DE ALEGACIONES DE LA CONTRAPARTE, DEBE COMPROBAR, CON EL AUXILIO DE UN PERITO EXPERTO, QUE ESAS COPIAS SON FIEL REFLEJO DE LOS DOCUMENTOS INCORPORADOS AL PROCEDIMIENTO"

"UNA COPIA NO TIENE LA MISMA CALIFICACIÓN JURÍDICA QUE UN ORIGINAL"

"EL PERITO, CUANDO ACTÚA DE PARTE, PODRÁ INCLUIR EN SU DICTAMEN HALLAZGOS DE INTERÉS PERICIAL QUE HA OBTENIDO FRUTO DE SU INVESTIGACIÓN, AUNQUE NO SE LOS HUBIERAN SOLICITADO"

"EL PERITO DEBE PROCURAR QUE TODOS LOS RESULTADOS DE SU EXAMEN QUEDEN DEBIDAMENTE CLARIFICADOS Y DEMOSTRADOS APOYÁNDOSE EN GRÁFICOS Y FOTOGRAFÍAS"

"ES CONVENIENTE, PARA FORTALECER LA CREDIBILIDAD DEL INFORME PERICIAL INCLUIR EN LOS ANEXOS PRINCIPIOS DOCTRINALES, BIBLIOGRAFÍA ADAPTADA AL CASO Y AMPLIACIONES CON DETALLES SIGNIFICATIVOS DE LOS DOCUMENTOS"

"EL PERITO SE ABSTENDRÁ DE HACER JUICIOS DE VALOR SOBRE DOCUMENTOS O CUESTIONES QUE NO LE COMPETEN"

"LA PRUEBA PERICIAL NO PODRÁ PRACTICARSE NI TENERSE EN CUENTA EN EL PROCEDIMIENTO, SI NO SE HACE EN EL MOMENTO PROCESAL OPORTUNO Y CUMPLIENDO LOS REQUISITOS EXIGIDOS"

"SI DOS FIRMAS SON EXACTAMENTE IGUALES, AL MENOS UNA DE ELLAS ES FALSA"

"LOS DOCUMENTOS AUTÉNTICOS SON DE CONTENIDO Y PROCEDENCIA RECONOCIDA"

"LA LEY ADMITE COMO INDUBITADOS AQUELLOS QUE RECONOZCA LA PARTE A LA QUE PUDIERA PERJUDICAR"

"EN LA ELABORACIÓN DE CUERPOS DE ESCRITURA DEBERÁN ESTAR PRESENTES LOS PERITOS ACTUANTES"

"EL JUZGADO FACILITARÁ EXAMINAR, FOTOGRAFIAR Y COPIAS DE LOS DOCUMENTOS DE INTERÉS PERICIAL QUE SOLICITEN LOS PERITOS"

"EL JUZGADO A SOLICITUD DEL CALÍGRAFO LEVANTARÁ ACTA DE SU COMPARECENCIA"

"EL INFORME REFLEJARÁ LOS DOCUMENTOS UTILIZADOS Y SU PROCEDENCIA"

"EL CALÍGRAFO DE PARTE ASESORA AL LETRADO A LO LARGO DE TODO EL PROCEDIMIENTO"

"EL LETRADO DEBE INFORMAR AL CALÍGRAFO DE PARTE DE CUALQUIER HECHO DE TRANSCENDENCIA PERICIAL"

"EL PERITO DE PARTE, DEBE SER INFORMADO POR EL LETRADO DE CUALQUIER NOVEDAD QUE PUEDA AFECTAR A SU DICTAMEN"

"CONFIAR EN LOS DOCUMENTOS ENVIADOS A TRAVÉS DE LEXNET, HABITUALMENTE EN FORMATO PDF, ES UNA TEMERIDAD, SOLICITAR SIEMPRE A INSTANCIA DEL JUZGADO QUE SE DEPOSITEN LOS ORIGINALES PARA QUE EL PERITO VERIFIQUE SU AUTENTICIDAD"

"SI SON DOCUMENTOS GENERADOS DIGITALMENTE HAY QUE ANALIZARLOS LOS CON PROGRAMAS ESPECIALES"

"UTILIZAR A SER POSIBLE DOCUMENTOS ORIGINALES O COMPULSADOS O TESTIMONIADOS Y A SER POSIBLE EN COLOR"

"EL PERITO DEBE ESTAR INSCRITO Y AMPARADO POR UNA ASOCIACIÓN DE RECONOCIDO PRESTIGIO"

"LOS INFORMES PERICIALES DEBEN CUMPLIR UNAS NORMAS DE CALIDAD AENOR"

"LA RATIFICACIÓN EN SALA DEL PERITO ES PRIMORDIAL PARA LA CONSIDERACIÓN DE LA PRUEBA"

"EL PERITO MÁS QUE NADIE EN LA SALA POSEE EL CONOCIMIENTO TÉCNICO ACERTADO"

"CONFIAR SIEMPRE EN EL PERITO, ES UN AUXILIAR DE LA JUSTICIA"

"NO EXISTE LA PERFECTA FALSIFICACIÓN"

"LA FIRMA ESTAMPADA DE PUÑO Y LETRA ES LA MAYOR GARANTÍA DE AUTENTICIDAD DE CUALQUIER DOCUMENTO, ES INFALSIFICABLE"

"EL CEREBRO SE ACTIVA MÁS CUANDO SE MANUSCRIBE QUE CUANDO SE TECLEA"

"LA ESCRITURA MANUSCRITA NO DESAPARECERÁ DE LA MISMA FORMA QUE LA FOTOGRAFÍA NO ACABÓ CON LA PINTURA NI EL CINE CON EL TEATRO"

25. Créditos, fotografías e ilustraciones

Fig. 1 Anverso de un falso pagaré presentado al cobro – Foto del autor

Fig. 2 Ejecutando firma en una tableta digitalizadora

Fig. 3 Ej. de firmas idénticas - Foto del autor

Fig. 4 Ej. DNI pixelado

Fig. 5, 6, 7 y 8 Justificantes médicos manipulados – Fotos del autor

Fig. 9 Ej. De reemplazo por raspado - www.periciacaligrafica.com

Fig. 10 Ej. De reemplazo por borrado – www.hpchile.cl

Fig. 11 y 12 Ej. de falsificación mediante retoques – Fotos del autor

Fig. 13 Surco latente – Foto del autor

Fig. 14 y 15 Máquina de escribir y tipario adaptado a uso de la SS – Foto: Oliver Ziebe

Fig. 16 Ej. Imagen de sello seco - Archivo Histórico Provincial de Almería – Foto del autor

Fig. 17 Ej. Imagen de sello de tinta - Archivo Histórico Provincial de Almería – Foto del autor

Fig. 18 Ej. Página de cuerpo de escritura, texto y rúbrica – Foto del autor

P.D. Me tienen a su disposición, les agradeceré sus aportaciones y opiniones, las consideraré en próximas ediciones de esta guía. Pueden comunicarse través el correo electrónico que figura en ***www.peritocaligrafoalmeria.es*** y a través de la ASOCIACIÓN NACIONAL DE EXPERTOS EN GRAFÍSTICA Y DOCUMENTOSCOPIA ***www.anpec.es***